갚을 길 없는 은혜

갚을 길 없는 은혜

송용필 목사 지음

나침반

"마음의 준비를 하셔야 할 것 같습니다.
2개월 정도 밖에 시간이 남지 않은 것 같습니다."

췌장암이란 진단과 함께 청천벽력 같은 선고가 떨어졌습니다.

누군가 죽음의 문턱에 이르면 소소하고 평범했던 순간들이 파노라마처럼 스쳐 지나간다고 했는데... 그러나 잠시 동안은 아무 생각도 나지 않았다.

'이제 천국으로 이사 갈 때가 된 것인가?'

'내가 이 땅에서 할 일이 다 끝났다고 부르시면 가야겠지...'

그 짧은 시간에 별별 생각이 스쳐 지나갔습니다.

그러나 며칠 후에 받은 정밀 검사에서 췌장암이 아닌 혈액암이라는 판정을 받았습니다. 혈액암은 췌장암과는 달리 비교적 치료와 관리가 수월한 암으로 시한부 인생을 선고 받았던 나에게는 오히려 축복이었습니다.

내 앞에서는 태연한척 했지만 남몰래 눈물로 하나님께 애타게 간구하던 아내나 가족들, 친지들이 이 사실을 듣고는 마음을 쓸어내리며 안도했습니다. 그러나 나는 성경 공부를 하면서 무심코 지나쳤던 사도 바울의 말이 계속 머리를 맴돌았습니다.

"나는 빚진 자이다."(로마서 1:14)

'나는 하나님께 빚진 자이다. 빚을 갚아야 한다. 복음의 빚을 더 갚아야 하고, 이 땅에 사는 동안 나에게 많은 것들을 베풀어 주신 분들에게 빚을 갚고 가야 한다.'

죽을 고비를 넘기고 나자 이제부터의 삶은 덤이라는 생각이 들었습니다. 이젠 나보다는 다른 누군가를 위해 살아야 할 것 같은 생각이 나의 머릿 속에서 끊임없이 맴돌았습니다.

그것이 나를 다시 살리신 주님의 뜻이라는 것을 알 수 있었습니다.

죽음의 고비를 경험하고 나니 내 인생에서 큰 도움을 주셨던 분들이 한 명씩 떠오르기 시작했습니다. 가장 먼저 중학교 때의 학원 영어선생님과 고등학교 때의 주판 선생님 그리고 군대 시절의 중대장님이 생각났습니다.

'살아 계시기나 하는 걸까?'

내 인생에 정말로 큰 도움을 주셨던 분들인데 그동안 한 번도 찾지 않았다고 생각하니 정말 무심한 인생을 살고 있었구나라는 생각이 들어 절로 고개가 숙여졌습니다. 여섯 번의 항암치료를 마친 후 무리하지 말라는 의사의 당부가 있었지만, 나는 이분들을 시작으로 인생에서 빚을 진 분들을 찾기로 했습니다.

나는 제2의 인생을 시작하고 있었습니다.

몇 날 며칠을 여기 저기 수소문한 후에야 92세의 고일연 선생님을 만날 수 있었습니다. 고등학교 주판선생님이셨던 선생님은 세브란스 원무과로 이직해 정년퇴직을 한 후 집에서 노년을 보내고 계셨습니다. 그런데 나와 마지막으로 본 지 반세기가 훨씬 지났음에도 불구하고 내 이름은 물론, 내 동생 이름까지 정확하게 기억하고 계셨습니다. 반갑고 또 놀라운 마음으로 선생님과 함께 식사도 하고 즐거운 한 때를 보냈습니다. 옛 추억이 떠올라 간만에 통쾌하게 웃으며 정다운 시간을 보냈습니다.

그 다음, 군대 시절 중대장을 만나기 위해 육군사관학교에 전화를 걸었습니다. 다행히 연락처를 받아 직접 통화를 할 수 있었습니다. 기억을 되짚어가며 내가 누구인지를 확인하고 나자 목소리에는 반가움이 묻어났습니다.

"송일병! 반갑다. 그런데 별을 못 달고 제대해서 미안해."

어떻게 이렇게 생생하게 기억하고 계신지 울컥 목이 메어왔습니다. 조만간 찾아뵙겠다는 말을 뒤로 한 채 전화를 끊었습니다.

그 후 다시 연락을 했으나 바쁘다는 말과 함께 다시 전화하겠다는 전화를 끝으로 끝내 다시는 만나지 못했습니다. 내가 여전히 전화를 기다리고 있는 것을 본 지인이 내게 말했습니다.

"연락 기다리지 마소. 아마도 당신이 목사라는 것을 알고는 연락 안 하는 것 같소. 주위에 뭘 부탁하는 사람이 한 두 사람이 아니라는 말을 들었소. 목소리 들은 것으로 위안을 삼구려."

'정말 그랬을까? 내가 목사라 전도라도 할 줄 알았던 것일까?'

하지만 나는 실망하지 않았습니다. 어쨌든 내가 가장 힘든 시기에 나에게 도움을 준 분이고 내 인생에 빚진 사람임에는 틀림 없었기 때문입니다. 마음 속으로 나마 그분이 하나님의 복을 받기를 기도했습니다.

중학교 시절 이재영 영어선생님은 좀처럼 연락이 닿지 않았습니다. 그래도 수소문 한 끝에 공무원시험을 본 후 대전 우체국에서 근무하다가 호주로 유학을 가셨다는데, 그 후 귀국해서 K대 교수를 지내시다가 S대 명예교수로 재직 중이라는 것을 알게 되었습니다.

전화를 드렸습니다.

다행히 선생님은 나를 기억하고 계셨습니다.

"자넨 공부를 무척 열심히 했었지."

반가운 마음에 선생님을 찾아가 웃고 떠들며 즐거운 시간을 보냈습니다. 앞으로는 가끔 찾아뵈야겠다는 다짐을 했습니다.

여하튼 힘든 투병생활은 오히려 나의 오늘이 있기까지를 되돌아보는 좋은 시간이 됐습니다. 이런 걸 전화위복이라고 하나요…?

그러나 내 인생에서 가장 큰 빚을 진 분은 바로 하나님이었습니다. 지독하게 힘들고 가난했던 시절을 보냈지만 여기까지 올 수 있었던 것은 모두 갚을 길이 없는 하나님의 큰 은혜 덕분입니다.

그래서 출판 의뢰를 받고 부족하지만 이 책을 통해 하나님의 손길이 얼마나 큰 지 한 명이라도 더 많은 사람들에게 알려야겠다고 마음 먹었습니다.

　다시 생각하고 싶지도 않은 힘들었던 과거지만 그래도 그 과거를 통해 하나님의 인도하심과 은혜에 대해서 다른 사람에게 알리게 된다면 그것이 하나님의 영광이 된다고 생각했습니다.

　이 책이 나오는 과정을 통해서도 내가 빚을 진 사람들이 많습니다. 먼저는 지금 어려움을 겪고 있는 젊은이들에게 희망을 전하기 위해 나의 삶을 공개해야 한다고 강하게 요청한 나침반출판사의 김용호 대표와 원고를 잘 정리해준 조연심 작가, 섬세하게 체킹해준 비서 이회진씨, 그리고 나의 오늘이 있기까지 여러 가지로 기도하고 도와주고 동역해준 모든 분들에게 감사의 마음을 전합니다.

　특히 숱한 어려움 가운데에서도 유머감각을 잃지 않고 내 곁에서 한결같이 함께하며 격려해준 사랑하는 나의 아내 박계심 사모, 주님이 우리 부부에게 주신 귀한 축복인 세 자녀 쟌, 수잔, 트리샤에게 사랑과 감사를 전하고 싶습니다.

　그리고 특별히 내게 이 좋은 것들을 넘치게 주신 하나님 아버지께 감사와 영광을 돌립니다.

넘치는 은혜를 주시는 주님께 감사하며...

송용필 목사

차
례
一

험한 세상에서 만나주시는 하나님

"나를 기가 막힐 웅덩이와 수렁에서 끌어올리시고
내 발을 반석 위에 두사 내 걸음을 견고하게 하셨도다"
(시편 40편 2절)

고등학교 시절

# 새로운 보금자리

함경남도 장진군 상남면 창평리는 내가 태어난 고향이다. 그곳은 화전민이 많이 거주하는 지역이었다. 양지바른 산비탈마다 빼곡하게 채워진 화전에는 주로 감자, 보리, 조, 콩 등을 심었고 물 흐르는 좁은 골짜기마다 산에서 베어온 나무를 다듬지도 않고 네 귀를 맞추어 덧놓고 덧놓아 기둥도 없이 지은 틀거리 집들이 허다했다.

그 틀거리 사이에 바람을 막기 위하여 한 편에는 흙을 엷게 바르고 다른 한편에는 문을 달아 통로로 사용하곤 했다. 아득한 기억 저편의 고향동네는 자랑할 것 하나 없는 허름하고 가난한 동네였다. 그저 삼시 세 끼 걱정하지 않을 정도면 어지간히 사는 축에 드는 곳이 바로 내가 기억하는 나의 고향이다.

그나마 우리 집은 형편이 나은 편이었다. 당시 아버지는 장진면 면장을 지내셨다. 면사무소에서 조회를 하는 모습이 어릴 적 내가 보기에는 아주 멋지다고 생각했다.

여름 햇살이 꾸물꾸물 산등성이로 기어 내려가던 어느 저녁 무렵, 아버지보다 먼저 면장을 했던 조 면장님이 집에 왔다. 저녁상을 물리고 툇마루에 앉아 감자, 옥수수 같은 군것질거리를 앞에 두고 조면장은 나지막한 소리로 말했다.

"일본이 전쟁에서 질 거라는 소문이 파다하오. 그래서 해방이 되면 우리처럼 면사무소에서 일했던 사람들은 갈 데가 없게 되오. 그래서 우리 가족은 이 동네를 떠나 아랫녘으로 피난을 갈 건데 송 면장네도 함께 가면 어떻겠소?"

바야흐로 해방 무렵이었다. 하늘에서 쏟아지는 별빛이 산지사방을 자유롭게 비추고 있었다. 모깃불로 피워 놓은 말린 쑥대들에선 매케한 냄새가 코를 찔렀다. 아버지는 잠시 아무 말도 하지 않았다. 아마도 그 순간 머리 속으로는 수만 가지 생각이 지나갔으리라!

"며칠만 말미를 주시오. 생각해 보고 알려 드리지요."

조 면장이 우리 집을 찾은 지 얼마 지나지 않아 아버지는 어머니와 우리들을 한 자리에 모이게 했다. 며칠을 고심하며 내리신 결정을 우리에게 발표하기 위함이었다.

"조 면장 갈 때 우리도 간다. 그러니 알아서들 짐들 챙기거라."

우리 모두는 아무 대꾸도 하지 않았다. 그저 아버지의 말이 법인 시절이었다. 얼마 후 우리 식구는 조 면장을 따라 무작정 피난을 떠났다.

그렇게 함경도를 떠나 도착한 곳이 충청남도 공주군 이인면 구암리였다.

공주 구암리는 조 면장의 고향이었다. 조용하고 평화로운 여느 시골마을의 모습 그대로였다. 어차피 피난짐은 간단하다 못해 단

출하기 마련이다. 옷가지 몇 개와 숟가락, 젓가락 그리고 찌그러진 냄비들과 낡은 책들이 다였다. 짐을 풀고 말고 할 것도 없었다. 구암리에서의 시작은 보잘 것 없었지만 그래도 전쟁을 피해 가족이 함께 할 수 있다는 사실 하나만으로도 행복할 수 있었다.

당시만 해도 해방 전이라 이북으로 기차도 다니고 통행도 쉬웠다. 식구들 모두 공주로 피난을 오는 데 그리 큰 문제는 없었다. 부모님과 첫째 형인 용홀, 둘째 형인 용수, 셋째인 나, 동생 용일, 여동생 금자 그리고 막내 용채가 함께 공주에서 새로운 보금자리를 트게 된 것이다.

우리는 동네 여기저기를 쏘다니며 할 수 있는 온갖 개구쟁이 짓은 다 하고 놀았다.

그런데 구암리에는 토방이라는 저수지가 있었다. 둘째 용수 형과 나는 그 저수지 근처에서 자주 뛰어 놀았다.

내가 초등학교 1학년 들어가던 해 여름이었다. 그 날도 우리는 시원한 저수지 근처에서 달음박질을 하며 땀으로 범벅이 되어 놀고 있었다.

"용수형 같이 가!"

나 보다 달리기가 훨씬 빠른 형을 쫓다가 바닥에 철퍼덕 넘어졌다. 일어나 보니 바지와 손바닥이 진흙범벅이었다. 그저께부터 어제까지 이틀에 걸쳐 내린 비로 땅이 잔뜩 젖어 있는 걸 생각 못하고 뛰다가 미끄러진 것이다. 나는 손에 묻은 진흙을 엉덩이에 대충 문질러 닦고 형을 쫓았다. 형은 벌써 저수지 근처에 다다라 있었다. 그런데 저만치 달리던 형이 갑자기 시야에서 사라졌다.

"형아!"

놀란 나는 크게 형을 불렀다. 그런데 별안간 아래쪽에서 비명이 들려왔다.

"살려줘!"

빗물에 물러진 저수지 축이 무너지면서 형이 물 아래로 굴러 떨어진 것이다. 평소 수영을 잘 하던 형이었지만 어쩐 일인지 자꾸 물속으로 가라앉기만 했다.

"용필아! 용필아!"

형의 목소리는 두려움에 떨려 제대로 들리지 않았다.

어린 나로선 무엇을 해야 하는지 알 수가 없었다. 그저 형 이름만 부르며 소리내 우는 것 밖에는 할 수 있는 게 없었다. 그러다 갑자기 선생님 생각이 났다.

"혀~엉! 기다려. 내가 선생님 모셔 올게."

나는 그 길로 한 달음에 학교로 달려갔다. 눈물 콧물이 범벅이 된 채 학교로 뛰어가 막무가내로 선생님을 잡아끌었다.

"우리 형 죽어요. 빨리요."

그 당시 1학년 들어간 지 얼마 안 된 때라 학교 선생님은 신과 같은 존재였다. 무슨 일이든 다 해결해 줄 수 있다고 믿었던 시기였다. 부모님보다 먼저 선생님을 모신 것은 학교 선생님이 우리 형을 살려 줄 수 있을 거라는 막연한 믿음 때문이었다. 거기다 형이 물에 빠졌다고 하면 부모님께 혼이 날 것 같은 두려움도 한 몫 했다. 선생님과 저수지로 돌와왔을 땐 형은 이미 물 속으로 잠겨 보이지 않았고 그대로 물속에 잠겨 떠오르지 못했다. 그해 여름은 유난히도 비가 많았고 무척이나 무더웠다.

최근에 일이 있어 부여에 갔다가 구암리에 잠시 들렀다.

몇 십 년이 지났건만 형의 아픈 과거는 바로 어제 일처럼 생생하게 떠올랐다. 내가 뛰어들었다해도 형을 구하지는 못했을 것이다. 그러나 지금 생각해도 너무 어려 제대로 대처하지 못한 나의 어리숙함이 답답하기만 했다.

동네 어귀쯤에서 나이 지긋한 할아버지를 만났다. 인사말 몇 마디 주고받다가 그 할아버지가 나와 동창이라는 것을 알게 되었다. 나와 동창이라는 말에 절로 웃음이 나왔다. 그 시절에는 한 동창이라 하더라도 나이 차이가 많이 나는 게 예사였다. 때론 장가 간 사람도 있었다. 전쟁을 피해 전국 각지에서 모여든 사람들로 가득 찬 마을이었으니 같은 나이또래가 얼마나 있었겠는가? 그저 배워야 한다는 마음으로 학교 문턱을 오가던 시절이었다. 나이는 아무런 제약이나 기준이 될 수 없었다. 반가움에 겨워 과거에 있었던 이야기들을 두런두런 나누느라 시간 가는 줄 몰랐다.

"내가 자네하고 한 학교를 다녔어. 그 때 아마 자네 형이 물에 빠져 죽었었지."

그게 뭐라고 아직까지 기억하나 싶었다. 계절이 들고나는 것 말고는 이렇다 할 사건도 없었던 작은 시골마을에서 형이 저수지에 빠져죽은 사건은 그 동네 사람이라면 평생토록 기억할 커다란 뉴스거리기도 했을 것이다. 어찌되었건 시간이 흘러 아픈 과거의 이야기를 덤덤하게 말할 수 있게 된 건 다행이다 싶었다.

사실 둘째형을 그렇게 보내고는 한동안 멍하니 보냈었다. 어린 나이임에도 죽음이 무엇인지 생각하게 되었다. 내가 형을 죽게 한 것이라는 죄책감이 들어 부모님 얼굴도 제대로 못보고, 말도 하지 않았다. 지금 돌이켜봐도 가슴 한편이 저려 온다. 그만큼 그 사건이 내겐 너무나 큰 충격이었고 아픔이었다. 어른들은 부모가 죽으면 산에 묻고 자식이 죽으면 가슴에 묻는다고 했는데... 형은 늘 내 가슴 속에서 떠나질 않았다. 구암리 저수지를 바라보며 둘째형이 하나님 품에 거할 수 있길 간절히 바랬다.

 ## 난, 꼭 큰 부자가 되리라

공주에서의 생활은 낯선 환경과 사람들 사이에서 적응하는 것도 문제였지만 극심한 가난과도 싸워야 했다. 그 무엇보다도 생계를 꾸려갈 일을 찾는 게 급선무였다. 그나마도 함경도에 있을 땐 아버지가 면장을 하며 생계를 꾸려왔지만, 이곳 공주에서는 딱히 할 만한 게 없었다.

그래도 생활력이 강했던 아버지는 전 재산을 털어 논을 몇 마지기 사서 소작을 주었다.

　하지만, 그것도 잠깐이었다. 보릿고개를 겪던 어렵던 시절이라 우리 집에는 쌀을 빌리러 오는 사람들로 붐볐다. 밖에서 보는 아버지는 시원시원하고 통 큰 마을 이장님 같았다. 다른 사람들에게만은 언제나 마음 넉넉한 아버지는 마을 사람들에게 선뜻 쌀을 내주셨다. 그 당시에는 장리쌀이라는 게 있었는데, 보릿고개 때 쌀을 내어주고, 다음해 수확기에 이자까지 쳐서 쌀을 더 받는 거였다. 문제는 그 장리쌀이라는 게 빌려가는 사람은 많은데 갚는 사람이 적었다. 제 때 갚지 못하는 사람들이 와서 사정을 이야기하면 아버지는 어쩌겠냐며 사정이 좋아지면 갚으라고 위로까지 하며 돌려 보냈다. 빚쟁이에게 빚도 받지 못하면서 때가 되면 갚을 거라고 남은 식구들을 다독이곤 했다. 좋은 말로 소작농이었지만 빚 좋은 개살구였다. 한 해 수확을 해도 곡간에는 장리쌀로 빌려주고 남은 쌀이 없었고, 다른 변변한 돈벌이도 없었던 탓에 우리 집은 늘 근근이 먹고 사는 가난한 소작농을 벗어나지 못했다.

　초등학교 때였다. 학교에서 그림공부를 할 때라 미술 시간에 준비물로 크레용을 가져가야 했다.

　"크레용 사게 돈 좀 주세요." 했더니, 단번에 집에 돈이 없다고 했다. 며칠 동안 졸라도 보고 돈 안 주면 학교 안 간다고 떼도 써봤지만 당최 돈 줄 생각을 안했다. 한참 심통이 나 있던 터에 친구

녀석이 반가운 소리를 했다.

"저기, 이인면에 가면 식당에서 마늘을 돈으로 바꿔준대."

"진짜지?"

집 담벼락에 주렁주렁 달려 있던 마늘들이 생각나면서 알록달록 크레용으로 예쁘게 그릴 수 있다는 생각만 떠올랐다.

결국 집에 가서 마늘 한 접을 들고, 곧장 이인면의 그 식당을 찾아갔다. 그리고 마늘 한 접과 바꾼 돈으로 크레용을 샀다. 더 이상 짝꿍 눈치 보며 크레용을 빌려 쓰지 않아도 된다는 생각에 저절로 어깨가 으쓱해졌다. 하지만 크레용을 산 기쁨도 잠시, 그날 저녁 아버지에게 엄청 혼이 났다.

"어린 놈이 어디서 못된 버릇을 배워가지고는...... 니 맘대로 살라믄 당장 이 집에서 나가라이."

큰 소리로 호통을 치는 아버지 곁에서 엄마는 안절부절 어쩔 줄을 몰라 했고 난 닭똥 같은 눈물을 뚝뚝 흘리며 마음 속으로 다짐하고 또 다짐했다.

"난 꼭 부자가 될 기다. 크레용도 사고, 책도 실컷 살 수 있는 부자 말이다."

사실 그 귀한 마늘을 말도 없이 가져다가 홀라당 팔았으니, 화가 날 만도 하셨다. 나중에 안 일이었지만, 그 마늘은 종자로 쓰려고 모아 놓으셨던 거였다. 그 날 이후 난 우리 집이 부자가 아니란 걸 알게 되었다. 크레용 하나도 맘대로 살 수 없는 살림살이였다.

이제는 아련한 추억이 된 예전 다니던 초등학교에 가 볼 기회가 있었다. 그 시절 모든 게 커 보이기만 했던 학교가 지금 보니 걸리버 여행기에 나오는 소인국처럼 작아 보였다. 아무리 손을 뻗어도 닿지 않던 철봉이며 우람했던 나무들도 이제는 만만한 크기로 줄어 있었다. 그 옛날 운동장 여기저기서 소리 꽥꽥 지르며 뒹굴던 기억, 땀범벅이 되어 꼬질꼬질해져서 어둑어둑해질 무렵에서야 집으로 돌아가던 일들이 마치 소꿉놀이 하던 것처럼 느껴졌다. 그래도 소중한 동심과 함께 어려웠던 시절, 정규교육을 받을 수 있었던 정다운 곳이기도 했다. 그 당시엔 초등학교 졸업도 쉬운 일이 아니었다. 모두가 가난하게 살았던 시절. 시골 정규교육은 소수의 사람들만 받을 수 있는 혜택이었다.

1952년!

나는 초등학교를 졸업했다. 공주에는 사범대학이 있었고 그 곳에 부속중학교가 있었는데, 6.25 동란 때까지는 여자만 진학이 가능한 학교였다. 한창 전쟁 중이었던 그 해, 그 중학교에서 처음으로 남학생을 뽑았다. 그 당시엔 중학교도 시험을 치러야 들어갈 수 있었다. 내가 다녔던 이인초등학교에서 변창선이라는 친구와 나, 둘만 합격했다. 그러나 초등학교를 다니는 내내 내 마음을 조마조마하게 했던 가난이 나의 중학교 입학을 턱하니 막아섰다. 둘 다 합격을 했지만 그 친구는 중학교에 등록을 했고, 나는 할 수가 없었다. 그렇게 가난은 중학교 진학에도 걸림돌이 되었다.

"조 면장님, 우리 용필이가 중학교 시험도 붙었는데, 돈이 없어서 걱정입네다. 하루하루 버티기도 힘들고, 당장 돈 들어갈 일은 많은데, 용필이 중학교 보내는 건 아무래도······"

문득, 지나는 길에 아버지가 조 면장에게 하는 말을 듣고 많은 생각들이 떠올랐다,

'아! 나는 결국 중학교에 못 가는 것인가?'

'창선이도 가는데, 왜 나는 못 가는 거지?'

'그럼 난 이제 뭘 해야 하지?'

어린 나에게는 도저히 받아들일 수 없는 현실이었다. 아니 어쩌면 이해하고 싶지 않았다고 하는 말이 맞을지 모른다. 가난한 집이 싫었고 밖에서만 인정받는 아버지가 야속했다.

'남들은 공부를 못해서 못 가는 중학교를 시험까지 붙은 내가 못 가다니, 그것도 그 어렵다는 사범대 부속중학교에 당당히 합격했는데... 친구 창선이도 가는데... 왜, 나는....'

끝도 없는 미련과 아쉬움이 밀려들었다.

어느 날 저녁 우리 집안에선 큰 소리가 났다.

"그래도 용필이는 중학교에 보내야죠. 똑똑한 아이입니다. 돈이 없으면, 빌려서라도 보내야 되는 거 아닙니까?"

큰형의 목소리가 들려왔다. 빌려서라도 중학교에 보내야 한다는 형의 말이 그렇게 고마울 수가 없었다. 큰 형은 동네 근방 초등학교 선생님이었다. 그리고 나는 형이 선생님인게 자랑스러웠다.

하지만, 부모님은 더 이상 집안 살림을 어렵게 만들 수 없다는

이유를 들어 나의 중학교 등록을 포기했다. 어린 나이였지만, 중학교를 못 간다는 건 너무나 충격이었고, 창피한 일이었다. 부모님이 원망스럽기도 했다.

친구가 중학교 입학식에 간다고 했을 땐, 너무나 서러워 한참을 울었다. 몇 날 며칠을 서러워 울고 울었다. 그렇게 나의 학력은 초등학교 졸업으로 마무리 되었다.

중학교를 포기한 나는 장사를 시작했다. 집안형편이 어려워 중학교를 못갔으니, 열심히 벌어서 가세가 좋아지면 그제라도 중학교에 갈 수 있을 것이라는 생각을 한 것이다.

처음에 시작한 장사는 담배와 라이터돌을 파는 일이었다.

라이터돌은 라이터를 켤 때 톱니바퀴와 마찰을 일으켜 불꽃을 일으키는 소모품으로 찾는 이가 많았다. 크기도 작아서 쉽게 가방에 넣고 다니면서 팔 수가 있었다. 담배장사는 그 당시 껌팔이와 신문팔이처럼 길거리에서 쉽게 할 수 있는 장사였다. 공주에서는 닷새 만에 장이 섰는데, 이인장, 탄천장을 둘러 3시간씩 걸어서 공주 읍내까지 가곤 했다.

사실, 담배장사를 더 열심히 하게 된 것은 옆집의 영향이 컸다.

옆집에는 서울에서 피난 온 가족들이 있었다. 그 집에는 예쁘장한 딸이 둘 있었다. 그 집 아저씨는 딸들에게 담배 심부름을 시키곤 했다. 난 그 집 딸들이 담배를 사러 올 때면 일부러 더 싸게 해주었다. 더 싸게 주면 더 자주 볼 수 있을 거 같았다. 그래서 전매

청에서 산 것 보다도 더 싸게 주었다.

근데 '전매청보다 싸게 판다' 라는 소문이 나자 사람들이 몰려들었다. 하지만 그리 큰돈은 벌지 못했다. 돈에 대해 무지했기 때문이었다. 돈은 여름철 시냇가에서 잡던 미꾸라지처럼 내 손을 습습 빠져 나갔다. 그 때 내가 돈을 알았더라면, 아마 재벌이 될 기회가 많았을 것이다. 하지만, 난 그리 이득에 밝은 편이 아니었다. 그저 옆집 딸들의 미모에 반한 순진한 아이였을 뿐이었다.

6.25 전쟁이 발발한 지 3년이 지났다.

남북포로교환과 휴전회담이 진행됐지만, 고지전투의 긴장감은 여전히 남아 있었다. 그런 전쟁 통에도 사람들은 여전히 생계를 위한 일자리를 찾아 나섰다.

아직 한참 전쟁 중이었지만, 사람들은 일자리를 찾아 서울로 갔다. 나도 왠지 서울로 가면 더 많은 기회가 생길 것 같았다. 중학교도 못 가는 마당에 더 이상 집에 있을 이유가 없었다. 그리고 사실상 선택의 여지가 없었다. 어떻게든 집에 도움이 되어야 했다. 아직도 어린 동생들이 셋이나 있었고, 부모님도 변변한 일자리가 없었기에 서울로 가야된다는 생각에 그날 밤 짐을 꾸렸다.

공주 집을 나설 때 어머니는 소리 없이 눈물만 흘리셨다. 딱히 어찌할 수 없는 상황인지라 그저 "몸 성히 잘 지내라"는 말씀만 하셨다. 아버지는 미안했는지 제대로 얼굴도 쳐다보지 못했다.

"걱정하지 마세요. 다 잘 될 거예요"라고 말은 했지만, 나는 두렵고 불안했다. 부모님과 떨어져 본 적도 없는 내가 홀로 서울에 가서 무엇을 할 수 있을 것인가? 걱정 반, 두려움 반으로 마음이 무거웠지만 집을 나서는 발걸음은 더욱 더 무거웠다. 누군가 뒤에서 가지 말라고 잡으면 그길로 눌러 앉고 싶은 마음이 굴뚝 같았다. 하지만 그 누구도 나를 붙잡지 않았다.

막상 집을 나서보니 "서울가서 돈 많이 벌어올께"라는 말이 얼마나 막연한 소린지 깨달아졌다. 서울을 향해 간다지만 딱히 갈 곳이 정해진 것도 아니었다. 그냥 서울로 가는 기차를 타야겠다는 생각뿐이었다. 그 당시 서울로 가는 가장 가까운 역은 조치원역이었고 공주에서 멀리 떨어진 곳이었다. 조치원역으로 가는 길을 걸어서 갔다. 서울로 가려는 사람들로 조치원역은 항상 북적거렸다. 피곤해 보이는 아저씨들, 무서워 보이는 군인들, 서울로 물건을 팔러 가는 아주머니들과 빽빽거리며 보채는 아이들의 울음소리로 조치원역은 한마디로 난리통 그 자체였다. 기차가 도착하고 하나 둘 기차에 올라 자리를 잡고 있는 많은 사람들 틈에서 여전히 무섭기도 하고 불안하기도 했지만, 서울로 가야한다는 일념에 어른들 틈을 비집고 들어가 자리를 잡았다.

어느덧 해는 지고 어둠이 깔리고 있었다. 잠시 눈을 감았다 뜬 것 같은 짧은 시간이 흘렀던 것 같은데 벌써 서울에 도착한다는 안내방송을 하고 있었다. 지금의 노량진역이었다. 그런데 기차에서 내린 많은 사람들이 차례로 줄을 서고 있었다. 무슨 일인가 싶어서 앞에 있던 아저씨한테 물어보았다.

"아저씨, 무슨 일이에요? 이 기차 서울 안 가요?"

"서울 가기는 가는데 강을 건너기 전에 검사를 한단다. 도강증이 있어야 서울로 들어갈 수가 있어."

그 시절 한강을 앞두고는 도강증 검사를 했다. 도강증은 한강을 건널 수 있는 일종의 허가증이었다.

"너 도강증 있어?"

군인이 퉁명스런 말투로 말했다.

"그게 뭔데요?"

난 도강증이 뭔지도 몰랐고, 당연히 그런 게 있을 리 없었다.

"야, 강을 건너려면, 도강증이 있어야 돼, 잔말 말고, 돌아가."

검문하던 군인은 귀찮은 듯 나를 밀치고, 뒷사람을 불렀다.

겨우겨우 서울 가까이 왔는데 여기서 또 돌아가야 한다니…

'이제 난 어디로 가야 하지?'

다시 공주로 되돌아갈 수는 없었다. 온종일 굶어서 돌아갈 기운도 없었다. 그때 웅성거리는 군중 속으로 군용트럭이 보였다. 미군이 긴 후레쉬 라이트를 들고서 이리저리 사람들을 몰아세우고 있었다. 어디론가 사람들을 실어 나르고 있었는데, 나는 무작정 그 트럭에 올라탔다. 이대로 차비만 날리고 돌아간다면 식구들이 크게 실망할거라는 생각이 들었다. 어떻게든 서울로 갈 수 있으면 했다. 트럭은 어둠을 뚫고 한참을 달렸다. 긴 시간 기차여행으로 피곤한데다가 도강증 검사다 뭐다 해서 있는 대로 긴장을 하다가 풀리니 나도 모르게 잠이 들고 말았다. 군용 트럭은 까만 밤 별빛을 벗 삼아 구불구불한 길을 덜컹덜컹 소리를 내며 달렸다. 그렇게 몇 시간이 흘렀을까?

덜컥, 요란한 차문소리와 함께 사람들이 움직이기 시작했다. 날은 아직 캄캄한 새벽녘이었다. 차에서 내린 사람들은 어디론가 급하게 길을 떠나갔다. 뭔가 낯선 건물이 보이고, 포탄을 맞은 듯 빨간 건물기둥에는 여기저기 큰 흠집이 나 있었다.

"여기가 어디여요?"

지나가던 아저씨를 붙들고 물어보니, 수원역이라고 했다.

'수원역?'

알고 보니 그 트럭은 한강을 건너지 못한 사람들을 태우고 수원역으로 오는 차였다. 캄캄한 새벽녘... 갈 곳이 없던 나는 수원역 대합실에 멍하니 앉아 있었다. 머릿 속으로 오만가지 생각이 스쳤다. 온종일 아무 것도 먹지 못해 배에선 '꼬르륵' 소리만 났다.

'어떻게 서울로 가야 하지? 도강증을 만들어야 하는데 어디 가서 만들지?'

초겨울의 싸늘한 새벽공기는 벌어진 옷가지 사이로 비집고 들어와 더욱 춥게 느껴졌다. 한기도 한기지만 배가 고파 더 이상 버틸 수가 없었다. 뭐라도 먹고 싶었지만 문을 연 가게도 없었고 따끈한 국물을 먹을 수 있는 돈도 없었다. 주머니 속에는 기차를 탈 돈만 겨우 남아있을 뿐이었다. 그대로 대합실 의자에 길게 누웠다. 추우니까 또다시 잠이 오려했다.

"야! 야! 여기서 자면 안 돼!"

누군가 내 어깨를 강하게 흔들었다. 순간적으로 몸을 일으켰다. 하지만 몸이 굳어 제대로 일어설 수가 없었다. 눈도 제대로 뜰 수 없었다. 잠시 숨을 고르고 나서야 비로소 나를 깨운 사람을 알아볼 수 있었다. 내 나이 또래의 허름한 차림의 아이였다.

"여기서 자면 얼어 죽어. 여긴 추우니까 나랑 가자. 내가 잠잘 곳을 마련해 줄게."

그 애는 아무 말도 못하는 나에게 무미건조한 목소리로 물었다.

"밥은 먹었냐?"

'밥은 먹었냐'는 말에 눈이 번쩍 뜨였다. 겨우 고개만 저어 보였다. 그 애는 자기를 따라오면 먹을 것을 주겠다고 했다. 온종일 굶은 터라 아무 생각 없이 무작정 그 애를 따라갔다. 먹을 수만 있다면 뭐든 할 수 있을 것 같았다. 그 아이가 천사처럼 보였다.

아직도 이른 아침이라 인적이 드문 길을 따라 수원여자고등학교로 올라가는 골목길로 올라갔다. 언덕 위에 동산교회가 보였다.

'저긴가? 교회가면 먹을 것을 준다던데?'라는 생각을 하며 묵묵히 따라갔다. 하지만 그 아이는 교회를 스쳐 지나갔다. 언덕을

오르고 골목을 지나고도 한참을 걸었다. 저 앞에 동산정미소란 팻말이 보였다.

'아, 저기면 먹을 거 많겠다.'

또 속으로만 군침을 삼켰다. 그러나 그곳도 그냥 지나쳤다.

"야, 어디까지 가야 먹을 게 있는 거냐?"

"응, 다 왔어, 조금만 가면 돼. 바로 이 굴만 통과하면 돼."

'굴이라고?'

정미소 앞마당에 자그마한 굴이 보였다. 그 굴속으로 들어가면 다시는 이쪽으로 못 나오는 거 아닌가 하는 알 수 없는 상상에 잠시 몸을 떨었다. 하지만 그것도 잠시였다. 이성으로 판단하기에는 본능의 외침이 너무 강했다. 밥다운 밥을 먹어본 지가 언제인지 이젠 기억도 까마득했다.

'아, 굴 안에 밥집이 있나 보다.'

허기진 배를 달래면서 그 애의 말을 믿고, 그 굴 안으로 들어갔다. 그런데, 갑자기 '퍽' 하는 소리와 함께 뭔가가 내 머리를 내리쳤고, 난 그 자리에 쓰러졌다.

나는 또다시 시골마을 저수지 앞에 서 있었다. 물을 보자 본능적으로 두려운 마음이 일어났다. 살려 달라던 둘째 형의 목소리가 들리는 것 같았다. 정신이 번쩍든 나는 반대편으로 황급히 몸을 돌렸다. 그런데 바로 그 순간 누군가 내게 발길질을 했고, 나는 그대로 차디찬 저수지로 내 동댕이쳐져 아래로 아래로 끝도 없이 추락하고 있었다. 아무리 살려 달라고 외쳐도 목소리가 나오질 않았다. 손도 발도 마비된 것처럼 꼼짝할 수가 없었다. 누가 나를 밧줄로 꽁꽁 묶어 놓은 걸까? 이른 봄 얼음은 녹았지만 차디찬 저수지의 냉기가 온 몸을 휘감았다. 점점 몸이 얼어붙고 있었다. 이대로라면 난 곧 죽게 될 거야.

추웠다. 한기가 느껴졌지만 오돌오돌 떨면서 내가 저수지 물속이라고 착각했던 것과는 달리 뭔가 이상한 기분이 들었다. 숨쉬기에 아무 문제가 없었다. 물 속이 아니었나 보다. 배는 고프고 온몸이 오그라들 듯 추웠고 정신은 멍했다. 그 때 주변에서 쑥덕거리는 소리가 들렸다.

'이게 뭔가?'

내 몸을 만져보니 알몸이다. 옷이 없다. 실오라기 하나 걸치지 않은 완전 벌거숭이였다. 낄낄거리는 웃음소리가 들렸다. 게슴츠레 눈을 떠서 주위를 둘러봤다. 간밤에 나를 데리고 왔던 그 아이의 모습이 보였다. 나와 눈이 마주치자 미안한 듯 눈을 피했다. 그리고 그 주위에 험상궂은 아저씨와 내 또래 아이들이 여럿 보였다. 알고 보니, 여긴 양아치 소굴이었다. 구걸과 소매치기를 하며 굴에서 숨어 지내는 이들에게 잡혀온 것이다. 순간, 겁이 덜컥 났다. 서울로 가려던 내가 결국 이런 곳에서 구걸을 하며 살아야 하는구나. 아무 것도 할 수 없다고 생각하는 순간 뜨거운 눈물이 목구멍을 타고 흘러 내렸다.

양아치 소굴에서 양아치가 되다

"넌, 이제부터 여기서 지낸다. 밥 얻어 먹으려면, 군말 말고 시키는 대로 해, 알았어?"

험상궂은 표정의 남자가 쉰 목소리로 경고하듯 말하고 식은 감자 하나를 툭 하고 던져줬다. 잔뜩 겁에 질린 나는 그 감자를 손에 움켜 지고, 고개를 끄덕일 수밖에 없었다. 목이 메였지만 눈물을 삼키며 감자를 꼭꼭 씹어 삼켰다. 배에 먹을 것이 들어가자 드디어 내가 처한 상황이 눈에 들어왔다.

일단 여기서 살아나가는 게 급선무였다.

'호랑이 굴에 잡혀가도 정신만 차리면 산다.'

나는 그 말을 새기고 또 새겼다.

그리고 틈만 나면 내 자신에게 힘이 되는 말을 했다.

'용필아, 저 들은 사람이다. 호랑이보다 힘도 안세고, 발톱도 없다. 그러니까 니가 포기만 안하면 반드시 탈출할 수 있다.'

몇 번은 무작정 도망치려다 매를 많이 맞았다. 그리고 그때마다 더 심하게 나를 감시했다. 당분간은 아무 것도 할 수 없게 된 나는 패거리들을 관찰했다. 그렇게 며칠을 살펴보니 그들 사이에도 위계질서가 있었다. 대장처럼 보이는 사람에게 잘 보여야 한다는 것을 본능적으로 알 수 있었다. 그래야 먹을 것도 얻을 수 있고 매도 덜 맞을 것 같았다.

그렇게 해서 나는 양아치가 되었다.

그날 이후 그 양아치들은 나에게 구걸하는 법과 소매치기 하는 법을 가르쳤다.

최대한 초라한 옷차림을 하고, 불쌍한 표정을 지으며 구걸을 하라고 했다. 5일장이 서는 날이면 복잡한 사람 틈을 누비며 소매치기 하는 걸 보여줬다. 그들은 대단한 기술이라도 가진 것처럼 우쭐됐지만, 난 '나쁜 짓을 하면 안 된다'는 생각에 일부러 어설픈 척 했다. 구걸을 하고 소매치기를 하는 것이 도저히 용납되지 않았다. 그들은 양아치 소굴로 돌아오면, 나를 벌거숭이로 만들었다. 도망치지 못하게 하기 위한 그들만의 제재법이었다.

'상경의 꿈을 안고 집을 떠난 내가 이런 짓을 배우고 있다니...'

비참했다. 난 양아치가 되어서는 안 된다고 생각했다. 어떻게든 여기서 빠져 나가야 했다.

'난 그래도 초등학교도 졸업하고, 형도 학교 선생님이지 않는가! 왜 내가 지금 여기서 이런 짓을 하고 있단 말인가?'

하늘이 원망스럽기도 했다. 나를 이 지경으로 몰아넣은 무능력한 부모님도 야속했다.

'내가 무슨 큰 잘못을 했기에 이런 꼴을 당하며 살아야 한단 말인가?'

그저 좀 잘 살아보려고 서울을 가려고 했을 뿐인데.... 집을 나온 게 후회스러웠다. 아니, 지금 이러고 있는 것이 한스러웠다.

하루빨리 이곳을 빠져 나가야 한다는 생각 뿐이었다. 하지만 항상 주변에는 나를 감시하는 이들이 있었다. 그 소굴에서 빠져 나오는 게 쉽지 않아 보였다.

'난 여기 애들과는 달라!'

어떻게 하면 여기서 벗어날 수 있을까를 생각하며 하루하루를 간신히 버틸 수 있었다.

돌이켜 보면 그때 나를 지켜 낸 것은 '희망'과 '자존감'이었다. 그리고 그것은 하나님께서 내게 주신 선물이었다. 아직 하나님을 모르던 그때에도 하나님은 나를 이미 아셨고, 앞으로 내가 겪게 될 역경을 위해 가장 기본적인 '양심'과 '희망'을 내 마음 안에 심어 주신 것이다. 나는 그 희망을 꽉 붙들었고, 반드시 탈출하겠다는 의지를 불태우게 되었다.

그러던 어느 날 기회가 왔다.

정미소 마당에서 영화를 본다는 것이었다. 동네사람들이 넓은 공터에 모여 흰 천에 영사기를 돌려 영화를 보는 것인데, 당시에는 극장이 거의 없어 동네를 순회하며, 넓은 공터에서 영화를 상영했는데 흔치 않은 구경거리라 사람들로 붐볐다. 나를 감시하던 양아치들도 떼를 지어 구경을 갔다. 하지만 그들은 내가 도망가지 못하도록 나를 벌거숭이로 만들고 내 옷을 가져갔다. 난 알몸으로 떨고 있었다.

하지만 그대로 있을 수는 없었다. 정미소 주위를 둘러봤다. 온통 영화 보는 데 몰두해 있었다. 굴속에 누가 있는지 관심 있는 사람은 아무도 없었다.

  기회는 이때다.

  난 조금의 망설임도 없이 정미소를 벗어나 뛰기 시작했다. 알몸으로 무작정 뛰었다.

  '어디로 가면 안전할까?'

  '그 양아치들을 피해서 갈 수 있는 곳이 어딜까?'

  나는 뛰면서도 온통 그 생각 뿐이었다. 이마에서 떨어지는 땀과 눈물이 범벅이 되어 앞도 제대로 보이지 않았다. 살기 위해 달음박질을 하던 그날처럼 절박함을 가지고 내 인생을 산다면 못할 게 없을 것 같았다.

  주위에서 쳐다보는 시선이 느껴졌다. 어린 사내 애가 벌거숭이로 뛰어가는 모습이 얼마나 우스꽝스러웠을까? 정말 죽도록 뛰었다. 창피해서 뛰고, 양아치들에게서 벗어나기 위해 더 빨리 뛰었다. 한참을 뛰다가 앞을 보니 수원역이 보였다.

  '수원역'

  서울 가려다 검문에 걸려 무작정 트럭을 타고 내렸던 곳이 아닌가! 결국 처음 왔던 곳으로 되돌아온 것이다. 잠시 멍하고 있는데, 맞은편에 있는 현판 하나가 눈에 확 들어왔다.

  〈수원역전 파출소〉

  '맞아 바로 저기야. 저길 가면 안전할 거야.'

난, 죽을 힘을 다해 파출소로 뛰어 들어갔다.

"야..너, 너... 뭐야?"

벌거숭이로 헐레벌떡 파출소로 뛰어 들어온 나를 보고 경찰이 놀라며 말했다.

"살려 주세요, 아저씨! 제발 살려 주세요."

숨을 헐떡이며 계속 도와달라는 말만하고 나는 그 자리에 쓰러지고 말았다. 그리고는 아무 기억도 나지 않았다.

그때 멀리서 인기척이 들리더니 누군가 내 몸을 흔들었다.

"야! 야! 일어나! 언제까지 잠만 잘 거야?"

"임마, 여기가 니네 집 안방인줄 알아?"

쩌렁쩌렁한 소리에 눈이 번쩍 뜨였다. 순간적으로 몸을 만져봤다. 뭔가를 걸치고 있었다. 헐렁하니 부대를 뒤집어 쓴 거 같은데, 자세히 보니 군복이었다.

"다 큰 놈이 고추만 달랑거리며 뛰어 들어오더니, 이제 정신이 드냐?"

경찰복을 입은 아저씨가 한심하다는 듯 말을 건넸다. 그제사 간밤의 일들이 또렷하게 떠올랐다. 알몸으로 양아치 소굴을 빠져나와 무작정 파출소로 뛰어들었던 일이 생각나 얼굴이 화끈거렸다. 그래도 지금은 군복이라도 걸치고 있어서 다행이었다. 경찰은 먹을 것도 주고, 옷도 내게 맞게 소매도 걷어주면서 신경을 써 주었다.

"갈 데가 없으면 우선 여기서 지내도 좋다. 하지만 공짜는 없다.

알지?"

"네, 뭐든 시키는 대로 열심히 하겠습니다."

나는 씩씩하게 대답했다. 난 양아치 짓만 아니면 뭐든지 할 수 있었다.

그날 이후 난 파출소 청소도 하고, 이것저것 잡다한 심부름도 하면서 생활하게 되었다. 당장에 비를 피하고 먹을 것을 해결할 수 있다는 것만으로도 신이 나서 일했다. 누가 시키지 않아도 진짜 열심히 일했다. 몸이 힘든 것은 진짜 힘든 것이 아니라는 것을 어린 나이에 깨달았기 때문이었다.

그러던 어느 날.

나에게 또 한 번의 기회가 왔다.

아침이면 일어나서 열심히 청소를 하고 있는 내 모습이 안쓰러웠는지 경찰 아저씨 한 분이 이렇게 말했다.

"너, 맨날 여기서 청소만 하면 뭐 하냐, 기술이라도 배워야지."

그러면서 구두 닦는 기술이라도 배우라고 했다. 구두 솔과 구두약을 사 주면서 구두 닦는 법을 알려 주었다. 난 먼저 파출소 안에서 경찰 아저씨들 구두를 닦기 시작했다. 아침에 일어나면 제일 먼저 청소를 하고, 틈만 나면 파출소 내에서 구두를 닦았다. 반짝반짝 윤이 나도록 닦아 놓은 구두를 볼 때마다 내 인생도 언젠가는 이렇게 반짝반짝 빛이 날거라는 상상을 하기도 했다.

이젠 파출소 생활도 익숙해졌다. 구두닦이 실력도 나아지고, 밥도 굶지 않았다. 파출소에서는 밥과 김치도 얻어먹을 수 있어서 굶는 일은 없었다.

그렇게 파출소 생활이 익숙해져 가던 어느 날, 파출소를 찾은 어떤 아저씨가 구두 닦던 나를 보며 이렇게 말했다.

"야, 너 여기서만 구두 닦지 말고 역전에 나가서 해 봐. 그러면 돈도 벌 수 있어."

귀가 쫑긋했다.

'돈도 벌 수 있다고? 그럼 이 파출소를 떠나서 뭔가 새로운 일을 해 볼 수 있지 않을까?'

그 다음날부터 바로 구두통을 들고 역전으로 나갔다.

"야, 너 누군데, 허락도 없이 여기서 구두를 닦는 거야, 썩 꺼지지 못해!"

첫 손님도 받기 전에 거친 목소리가 들려왔다. 어디나 그렇겠지만 역전 상권은 워낙 텃새가 심했다. 역전에서 자리를 잡는다는 건 그야말로 하늘의 별따기나 마찬가지였다.

대합실 구석에 쪼그리고 앉아 이런저런 생각을 하고 있을 때, 누군가 아는 체를 했다.

"야, 꼬맹이, 여기서 뭐해?"

"어.. 아저씨, 그게 저...."

바로 파출소에서 나를 정답게 보살펴 주신 그 경찰 아저씨였다.

"아, 네 여기서 구두 닦고 있어요. 파출소에서 배운 실력으로 여기서 실력 발휘 좀 하려고요.. 아저씨 구두 줘보세요. 제가 번쩍번쩍 광 내드릴게요."

나는 일부러 더 큰소리로 외치며, 그 아저씨 구두를 닦았다. 그 모습을 주변 양아치들과 다른 구두닦이들이 지켜보고 있었다.

그 이후로 나는 '파출소에서 온 구두닦이 소년'이 되었다. 그 소문이 나자 아무도 텃세를 부리지 않았고, 오히려 나한테 잘 보이려고 하는 사람들도 생겼다. 이제 내 생활터전은 파출소에서 수원역 대합실까지 넓어졌다. 역전 대합실은 지금까지와는 다른 별세상이었다. 많은 사람들이 항상 붐볐으며, 다양한 사람들을 접할 수 있었다. 전쟁 중이라 군인들도 많았다. 이제는 대합실이 내 집처럼 편했다. 대합실 긴 의자에 누워 잠을 자고, 기차역과 관련된 일들도 조금씩 알아가게 되었다.

그렇다고 해서 가난이 나를 빗겨간 것은 아니었다.

구두닦이로 일은 하고 있었지만 파출소 신세를 지지 않으니 여전히 끼니를 굶는 일이 많았다. 사실 먹는 것도 중요했지만 언제 어떻게 될지 모르는 상황에서 한 푼이라도 더 모으려고 악착같이 돈을 아꼈다.

수원역에는 알티오(RTO)라는 미국 군인들의 장병안내소가 있었다. 너무나 배가 고플 때는 미군 RTO에서 나오는 쓰레기통을 뒤졌다. 거기에는 간혹 가다 미군들이 먹다버린 통조림이나 고깃덩이가 있었다. 어느 날은 그 쓰레기통에서 비계덩어리를 발견하고 그걸 가져다 구워 먹었다. 너무나도 환상적인 맛이었다. 그때

먹은 그 고기 비계의 향과 맛은 지금도 잊을 수가 없다.

그러면서 미군들 구두를 닦아주게 되었다. 자연스럽게 미군들과도 친해지게 되자 신기한 먹을거리도 많이 얻을 수 있었다. 병에 든 톡 쏘는 까만 물도 신기하기만 했다. 그때 코카콜라를 처음 마셨다. 지금 마시는 코카콜라는 왜 그 때 마셨던 그 맛이 나지 않는지 의문이 든다. 나이가 들면서 내 입맛도 변했겠지만 그 시절 그 까만 물이 주었던 상쾌함은 단순한 음료가 아니라 내 삶의 단비와도 같은 청량제였기 때문이리라.

어느 날은 맛있는 거라면서 캔에 든 음료를 줬다. 시원했지만 너무 썼다. 나중에 알고 보니 캔맥주였다. 나중엔 그 캔들을 받으면 가져다가 역에서 일하는 아저씨들에게 나눠 주니 다들 너무 좋아했다. 내가 몇 차례 더 맥주를 가져다주니, 역전 직원 중 한분이 이게 그래도 한 캔에 가격이 제법 나가는데 팔아서 돈을 가져야지, 이렇게 그냥 줘도 되냐고 물었다. 잠시, 그럴까? 하는 생각이 들었지만, 어차피 거저 얻은 거고 내가 못 먹는 거라 드리는 건데 돈까지 바라는 건 아닌 것 같았다. 귀엽게 여겨 주신 덕분에 대합실에서 공짜 잠도 잘 수 있는 거라 늘 감사했는데, 가끔 그렇게 캔맥주 선물로 웃게 해드릴 수 있어서 내심 나도 좋았던 터라, 앞으로도 그냥 드리겠다고 했다. 그때부터 나는 나눔의 기쁨을 조금이나마 배울 수 있었다.

내가 구두를 닦던 손님 중에는 RTO의 책임자로 있던 장교가

있었다. 그 사람은 나에게 무척이나 잘해 줘서 나는 그 사람의 잔
심부름을 하곤 했다.

역전에서 기차가 들어오고 나갈 때 수신호 보내는 일도 가끔
씩 돕곤 했다. 그러면서 차츰 역과 관련된 일들도 잘할 수 있게
되었다.

철도원을 꿈꾸다

그 당신엔 통행금지가 있던 때였다. 새벽4시까지는 통행금지 시간
이었다. 그리고 수원-부산행 제3열차가 하루에 한 번 다녔고, 수
원역에는 겨우 9장의 표만 배당되었다. 그래서 새벽에 와도 표구하
기가 어려웠다.

그러던 어느 날이었다.

"넌 역 대합실에서 자니까 내 대신에 표를 좀 구해주지 않으
련?"

평소 내가 대합실에서 먹고 잔다는 것을 알고 있던 한 신사가
내게 부탁을 했다. 나는 역대합실 의자에서 잠을 잤기에 표를 구
하는 것은 그리 어렵지 않았다. 부탁한 대로 표를 구해 줬더니, 표
값 보다 더 많은 돈을 주었다. 내가 며칠 동안 구두를 닦아야 벌
수 있는 금액이었다. 그때부터 나는 역전에서 대신 표를 사주고
돈을 받는 재미에 빠졌다.

지금도 그렇지만 그 시절에는 기차 안에서 물건을 파는 갱생회(지금의 홍익회)의 위력이 대단했다. 당시 수원에서 온 강 씨라는 사람이 있었는데, 그 사람이 나에게 기회를 주었다. 기차 안에서 갱생회 일을 해 보라고 권했다. 기차 안에서 '벤또'라고 외치면서 도시락과 음료, 과자, 삶은 계란 등을 파는 일이었다. 지금까지 해 왔던 일에 비하면 꾀 쉬운 일이었다.

차가 서 있는 5분 사이에 "벤또!"는 날개 돋친 듯 팔렸다. 없어서 못 팔 정도였다.

낮에는 수원-인천 가는 작은 기차가 있었다. 그 기차 안에서도 호두과자와 사이다를 팔았다. 이렇게 역전에서의 생활은 차츰 안정이 됐고, 하는 일도 많아졌다.

당장 많은 돈을 모으지는 못했지만, 하루하루 먹고 사는 데는 크게 지장이 없었다.

역전에서 생활하다보니 제일 자주 눈에 띄는 사람이 바로 철도원이었다. 아침 9시면 검은색에, 노란 색, 빨간색 테를 두른 모자를 쓰고 나팔을 불며 일하는 모습이 너무 좋아 보였다.

"서울발 부산행 제 3열차가 군포를 떠나 수원에 진입 중에 있습니다. 차표를 받으신 분은 지금 개찰을 받으시기 바랍니다."

흰장갑을 끼고 또렷한 목소리로 안내방송을 할 때면 그 철도원의 모습이 세상에서 최고로 멋져 보였다. 역전에서 지내며 친해진 철도원 중에는 한상옥 씨라는 분이 있었다.

하루는 나도 철도원이 되고 싶다는 생각에 그분의 구두를 닦아 주며 물었다.

"어떻게 하면 아저씨 같이 멋진 철도원이 될 수 있어요? 저도 꼭 철도원이 되고 싶어요."

"그래, 네가 철도원이 되고 싶다고? 근데, 철도원이 되려면 학교를 나와야 하는데, 너는 안 되잖아."

철도원이 되려면 특수학교인 용산철도고등학교에 들어가야 가능했다. 그 학교는 입학을 하면 옷과 책을 주며, 월사금, 등록금, 수업료 등을 면제해 주고, 졸업하면 철도원 취업이 보장되던 특수학교라 경쟁이 치열했다. 웬만큼 해서는 들어가지 못하는 곳이었다.

우선 내가 철도원이 되기 위해서는 중학교 졸업자격을 취득해야 했다. 아저씨는 꼭 중학교를 나오지 않더라도 동일한 자격이면 된다고 했다. 검정고시를 보면 중학교 졸업자격이 된다는 거였다. 그러면서 이대영 선생님이라는 분이 설립하신 수원 영수학원을 알려 주었다.

그날 이후로 난 영수학원을 하루도 거르지 않고 다녔다. 어떻게든 검정고시에 합격해서 철도고등학교를 다니고 싶었다. 악착같이 공부했다. 그리고 드디어 검정고시에 합격했다.

합격하던 날 이제는 나도 철도학교에 갈 수 있다는 희망이 생겨 감격의 눈물이 흘러 내렸다.

그동안 역전에서 어렵게 생활하면서 공부하던 때가 생각났다. 그 옛날 중학교에 합격했지만 집이 가난해서 결국 입학을 포기해야 했던 그 시절도 떠올랐다. 검정고시에 합격하자 세상을 얻은 것처럼 자신만만해지고 하늘을 나는 것처럼 행복했다.

학교입학에 필요한 서류를 준비하고, 수원역장님이 써 주신 추천서도 받았다. 모든 게 순조로웠다. 이제 입학서류만 접수하면 됐다.

드디어 접수하는 날, 들뜬 가슴을 안고 용산에 있는 철도고등학교에 갔다.

반달모양의 접수창구에 준비한 서류를 밀어 넣었다. 수원역장님의 추천서도 잘 보이도록 앞에 두었다. 그런데 접수창구에서 뜻밖의 말이 들려왔다.

"학생, 학생은 안 되겠어, 나이가 너무 많아."

이 무슨 청천벽력 같은 말인가. 순간 내 귀를 의심했다.

"아니, 나이가 많다니요. 그게 무슨 말입니까, 아저씨?"

"우리 학교는 나이제한이 있는데, 너는 한 살이 많아서 안 돼."

"아저씨, 한 번만 받아 주세요."

"아, 글쎄, 안 된다니까 그러네. 너 같이 나이 많은 학생은 받아줄 수가 없어!"

수차례 통사정을 해봐도 대답은 마찬가지였다. 더 이상 희망이 없었다. 눈물이 났다. 그토록 되고 싶었고, 원했던 철도원이었는데, 미처 시작도 못해 보고 모든 희망과 꿈이 사라져 버렸다. 그저 멀어져 가는 용산역만 바라보며 수원행 화물차에 몸을 실었다.

'이렇게 허망하게 무너지다니! 나이가 많아서 안 된다니... 그 동안 학교도 못 다니고 고생만 죽도록 했는데, 이제 내 꿈을 찾아 공부를 하겠다는데 이게 말이나 되는 소린가?'

흐르는 눈물을 주체할 수 없었다. 그토록 원했건만, 아무 것도 할 수 있는 게 없었다.

그때 얼마 전 달리던 기차에 뛰어들어 죽었던 친구가 떠올랐다. 그 친구의 짤려서 떨어진 다리를 수거했던 기억이 났다. 나도 그 친구처럼 그냥 그렇게 생을 마감하고 싶었다. 어릴 때 저수지에서 빠져 죽었던 둘째 형도 그리웠다. 그저 달리던 기차에서 뛰어내리고 싶은 마음뿐이었다. 한참을 그렇게 멍하니 있었다.

어느덧 기차는 수원역에 도착했고, 나의 무거운 발걸음은 수원역 대합실로 향하고 있었다.

 ## 교회 종치기가 되다

철도고등학교에 입학하지 못한 후유증으로 한동안 맥을 놓고 지냈다. 하지만, 그대로 물러설 수는 없었다. 다시 학업에 대한 불을 지피고 일반 고등학교라도 가야겠다고 생각했다.

나는 그때 고려 영수학원(전수학교)에서 중학교 과정을 공부하고 있었다. 맘을 다잡고 다시 공부를 시작하려고 하던 중에, 하루는 '구자걸'이라는 친구가 흥미로운 소식을 전해 주었다. 웅변 특기생이 되면 수원고등학교에 입학을 할 수 있다는 거였다. 그 당시엔 웅변대회 인기가 많았다. 수원에서도 여러 웅변대회가 있었다. 나도 웅변으로 고등학교에 들어가기 위해 열심히 준비했다.

나는 구자걸과 중학교 팀으로 나가 우승한 경험도 있었다. 그 친구는 웅변대회에서 항상 1등을 했다.

당시 우리나라는 정전 반대 운동을 많이 했는데, 학교에서 웅변반 아이들에게 마이크와 영어로 쓴 구호를 주면서 북한이 보이는 강화도에 가서 "중립국 체코와 폴란드는 물러가라! 스파이 체코와 폴란드는 물러가라!"를 영어로 외치라고 해서 그 어린 나이에 크게 외친 적도 있었다.

구자걸은 웅변 특기생으로 수원고등학교에 먼저 입학을 해서 다니고 있었다. 그 친구는 자기가 학교에 말하면 나도 입학이 될 거라 말했다. 잠시나마 고등학생이 될 수 있다는 꿈에 부풀어 기분이 좋아졌다. 하지만 내 기대와는 달리 입학은 허락되지 않았다. 내 인생이 그러면 그렇지 싶었다.

'왜, 나는 이렇게 되는 일이 없을까?'

'대체 내가 뭘 잘못한 걸까?'

혼자 깊은 사색에 잠겨 하염없이 걸었다. 얼마나 걸었을까?

해는 이미 지고 날은 어두워지고 있었다. 농산물검사소가 보였다. 어릴 적 생각이 났다.

'초등학교를 졸업하고 바로 중학교에 갔다면 내가 원하던 철도원이 될 수 있었을 텐데...'

나이 제한에 걸려 철도고등학교를 가지 못한 게 너무나 한스러웠다. 부모님이 원망스러웠다.

'농사를 지어 쌀이 많았을 때, 그 쌀을 장리쌀로 빌려 주지 말고, 돈으로 바로 받았으면 나도 중학교에 갈 수 있었을 텐데... 인심 좋게 나눠 주더니 되돌려 받지도 못하고 형편만 어려워지게 하고...'

어린 시절 원망스런 생각이 꼬리에 꼬리를 물고 드는 가운데, 농산물검사소 건물에서 작은 불빛이 보였다.

'무슨 불빛이지?'

궁금해 가까이 다가갔다. 자세히 보니 교회 십자가 불빛이었다.

'어, 언제 여기에 교회가 생겼더라?'

안으로 들어가 봤다. 마침 예배시간인지 찬송가 소리가 났다. 뒷문으로 고개만 살며시 들이 밀었다. 한 10명 정도 되는 사람들이 기도와 찬송을 하며 예배를 드리고 있었다.

갓난아기를 안은 아줌마의 모습도 보였다. 조심스레 살펴보고 있는데, 갑자기 목사님과 눈이 마주쳤다.

"어서 오세요. 환영합니다."

목사님이 다정하게 말을 건넸다.

"아! 네, 저는 그냥 지나가다 들렸을 뿐입니다."

나는 당황하여 그냥 둘러댔다.

"하하, 네, 잘 압니다. 그냥 왔다고 생각하겠지만 다 주님의 뜻이 있어서 오신 겁니다."

목사님이 말을 이으며 함께 하자고 자리를 안내해 주셨다.

'주님의 뜻? 난 그냥 온 건데 주님의 뜻이 있어서 왔다고?'

궁금하기도 하고 함께 하신 분들의 인상이 다들 좋아 보여서 얼떨결에 예배에 참석하게 되었다.

그렇게 생애 첫 참석하게 된 예배에서 기도를 하고, 찬송을 부르고, 간증을 하는 모습을 보았다. 왠지 마음이 포근했다. 한참 원망스런 생각들로 머리가 복잡했는데, 머리도 맑아지고 기분도 좋아졌다.

'교회에 오면 이렇게 되는 건가?' 하는 생각이 들었다. 예배가 끝나고, 찐 옥수수를 나눠 먹었다. 몇 개 안되는 옥수수를 여러 명이 나눠 먹는 모습이 보기 좋았다. 아이를 안은 아줌마도 너무나 행복해 보였다. 나중에 알았지만, 그 분이 바로 사모님이셨다. 그 교회는 김연호 목사님이 수원역 앞 농산물검사소 2층에서 개척한 '매산감리교회'였다.

그 날 이후로 교회를 계속해서 다니며 '나 혼자가 아니라 내가 열심히 살아가면 하나님이 함께 하시며 도와 주신다'는 걸 알게 되었다.

교회를 다니다보니 자연스레 성경 말씀을 접하게 되었고, 성경을 읽을 때마다 거기에 나온 말씀들이 내게 용기를 주었다.

"두려워하지 말라. 내가 너와 함께 함이라. 놀라지 말라. 나는 네 하나님이 됨이라. 내가 너를 굳세게 하리라. 참으로 너를 도와주리라. 참으로 나의 의

로운 오른손으로 너를 붙들리라."(이사야 41장 10절)

"피곤한 자에게는 능력을 주시며 무능한 자에게는 힘을 더하시나니, 소년이라도 피곤하며 곤비하며 장정이라도 넘어지며 쓰러지되 오직 여호와를 앙망하는 자는 새 힘을 얻으리니 독수리가 날개 치며 올라감 같을 것이요 달음박질하여도 곤비하지 아니하겠고 걸어가도 피곤하지 아니하리로다."(이사야 40장 29~31절)

그전까지 나는 내 인생을 주어진 환경의 탓으로만 돌리고 있었다. 그러나 성경을 읽다보니 우선은 '내가 열심히 해야겠다'는 생각을 하게 됐다.

'비록 철도고등학교는 들어가지 못했지만, 그 일을 준비하면서 얻게 된 고등학교에 들어 갈 입학자격이 있지 않은가? 당당해지자'며 입학이 가능한 고등학교를 찾기 시작했다. 그래서 수원삼일고등학교에 입학하게 됐다.

그렇게 나는 평일에는 고등학교를 다녔고 매주 주일이면 김연호 목사님이 개척한 '수원매산감리교회'에 다녔다. 함께 할 수 있는 사람이 있다는 게 좋았다. 몇 달 후에 목사님은 강원도로 떠나셨기 때문에 그분들과의 인연은 오래가지 못했다.

그리고 교회에는 후임자로 최요한 목사님이라는 분이 오셨다. 내가 고등학교에 입학하고 3개월쯤 지난 후였다. 정들었던 목사님이 바뀌었지만 그래도 나는 꾸준하게 교회를 다녔다.

나의 숙소는 여전히 역전 대합실이었다. 그러나 교회생활에 점점 재미를 붙여가고 있었기 때문에 학교나 숙소에서 보내는 시간보다 교회에서 보내는 시간이 점점 늘어갔다.

그러던 어느 날, 새벽기도회에 갔다. 조용히 새벽기도를 마치고 돌아서는데, 목사님이 부르셨다.

"우리 용필이가 이제 새벽기도도 하고, 신앙이 많이 좋아졌네. 용필이는 지금도 역전에서 생활하니?"

"네, 저는 역전 대합실이 제일 편합니다."

목사님은 고개를 끄덕이시더니, 잠시 따라 오라고 하셨다. 그리고 종각이 있는 교회 꼭대기로 나를 데리고 올라가셨다. 종각에는 반달모양의 작은 공간이 있었다.

"오늘부터 이곳에서 생활하렴. 새벽 4시에 종만 쳐 주면 되니까 역전 대합실보다는 여기가 더 나을 거다."

그러면서 담요와 책상까지 가져다 주셨다. 고향을 떠난 지 몇 년 만에 드디어 나만의 공간이 생긴 것이다. 너무나 감사했다. 그저 새벽기도를 드리고 싶어서 교회에 잠깐 들렀을 뿐인데, 하나님은 목사님을 통해 아주 큰 선물을 주셨다. 나만의 공간이 있다는 게 이렇게 좋은 것인지 역전생활을 하는 동안에는 미처 알지 못했다. 하나님께 감사한 마음에 새벽 4시에 종을 치고 나서 더욱 열심히 기도를 했다. 학교 공부도 더 열심히 할 수 있었다. 그렇게 나는 수원역 대합실 생활을 접고 교회에서 새로운 보금자리를 마련하게 되었다.

학창시절

　삼일고등학교 생활은 재미있었다. 보금자리가 안정되니 학업성
적도 좋아졌다. 나는 특히 글짓기와 웅변을 좋아했다. 글짓기는 매
일 새벽에 성경을 읽고 그때의 느낌을 글로 썼던 게 많은 도움이
되었다. 전국 글짓기 대회에 나가서도 우수상을 받았다.

　비록 철도고등학교는 떨어졌지만 교회에 나가고 말씀을 읽고,
또 기도를 하면서 점점 인생의 새로운 희망이 생겨나기 시작했다.

 가정교사가 되다

　고등학생이 된 나는 친구들도 많이 생겼다. 교회에서는 매일 새벽
종치는 일로 하루를 시작했다. 제대로 된 집이 없는 나의 일상은
친구들 사이에 금방 퍼졌고, 학교 선생님들까지도 알게 되었다.

　어느 날, 주판을 가르쳤던 고일연 선생님이 나를 부르셨다.

　"매산감리교회 종각에서 자면서 학교 다닌다며?"

"네, 교회 목사님의 배려로 편안하게 다니고 있습니다."

나는 교회가 편했기 때문에 있는 그대로 말씀드렸다.

그러나 선생님은 안쓰러운 표정으로 내게 말을 건네셨다.

"너, 가정교사 한번 해 볼래? 신의주에서 피난 온 사람이 있는데, 그 집 애들 가르치며 그 집에서 생활하면 어떻겠니?"

신의주에서 피난을 오신 분들은 선생님과 같은 교회 다니시던 이희두 집사님과 이지란 권사님 부부셨다. 나와 같이 이북에서 피난 온 분들이라 더 호감이 갔다. 교회 종각에서의 생활은 나만의 공간이었기에 편안했지만, 언제까지 그 곳에서 생활할 수만은 없었다. 스스로의 힘으로 생활을 해야겠다는 생각이 들어 주판선생님의 제안을 받아들였다. 또 한 번 내 인생의 은인을 만나게 된 순간이었다. 그렇게 하나님은 나를 다시 새로운 보금자리로 인도하셨다.

가정교사로 가게 된 집은 인계동 철도 옆이었다. 남창초등학교에 다니는 아들들이 있었고, 나는 그 애들을 가르치며 그 집에서 가정교사로 생활하게 되었다. 다행히도 내가 가정교사를 한 이후로 아이들의 성적이 좋아졌다.

그렇게 3년 동안 그 집에서 살았다. 그 집 애들은 집안에서 원하던 대로 '숭실중학교'에 진학을 하게 되었다. 나 또한 그 분들 덕분에 고등학교를 무사히 졸업할 수 있었다.

나는 교회 생활도 물론 열심히 하고 있었다. 그 당시 유독 나를 형님이라 부르며 따르던 한 중학생이 있었는데, 붙임성 좋은 그의 성격에 우리는 금방 친해졌다.

어느 날 그 집에 놀러 가게 되었는데, 책으로 가득찬 그 친구의 방을 보고 매우 놀랐던 기억이 난다. 난 중학생이 그렇게 많은 책을 가지고 있는 것도 처음 봤지만, 그 책들의 수준 또한 상당해서 더욱 놀라웠다.

근데 그 동생은 중학생이란 어린 나이임에도 불구하고 철학자처럼 생각하는 학생이었다. 우리는 자주 만나 이야기하는 걸 좋아했는데 그 동생이 바로 지구촌교회 이동원 목사였다. 그는 결국 주님을 위해 큰일을 하는 사람이 되었다.

하나님은 이처럼 힘든 시절의 사소한 인맥을 통해서도 귀한 은혜를 허락하셨다. 그리고 그 은혜를 통해서 고등학교를 무사히 졸업하게 된 나는 이제 대학이라는 더 큰 관문을 눈 앞에 두게 되었다.

대학교까지 이어진 가난한 삶

고등학교를 졸업하자 바로 중앙대학교 상과대학에 지원을 했고 곧바로 입학이 확정되었다. 아무래도 상과대를 나오면 돈을 더 잘 벌수 있을 거 같았다. 그리고 중앙대학교에는 성적우수자를 우대해주는 특차모집이 있어서 나는 중앙대학교 특차모집에 지원하여 합격할 수 있었다. 성적이 좋아 입학금은 면제받을 수 있었지만,

당장 내야 하는 등록금이 문제였다. 이런 저런 방법을 찾아보다가 결국 군인 간부후보생을 신청하여 군 입대를 하기로 했다. 간부후보생이 되면, 군에서도 공부를 할 수 있다고 해서 그 길을 선택한 것이다.

그런데 뜻밖의 소식이 들려왔다. 누군가가 내 등록금을 내 주었다는 것이다. 알고 보니 가정교사를 하고 있던 그 댁에서 등록금을 내 주었다. 자녀들이 좋은 중학교에 가게 돼 감사의 뜻을 표했을 뿐이라고 했지만 분에 넘치는 보답이었다. 그래서 그분들의 도움으로 나는 바로 중앙대학교를 다닐 수 있게 되었으며, 숙소도 서울로 옮길 수 있게 됐다. 하지만 마땅히 아는 집도 없어서 집을 옮기는 것도 어떻게 해야 하나를 고민하고 있는데 수원에서 가정교사 했던 장로님 댁의 친척 분을 소개 받았다.

그 친척은 서울 신당동에 살고 있는 〈신동아해상보험(주)〉의 송병무 전무였다. 부자들이 많았던 동네로 삼성그룹 이병철 회장의 집이 바로 근처에 있었다.

그 집에서 1년 동안 가정교사를 하면서 나는 다시 생활고에 시달리지 않으며 학업에 열중할 수 있게 됐다. 그 집에는 아들 둘에 딸이 넷 있었다. 경기여고에 다녔던 딸들은 공부를 무척이나 잘했다. 그렇게 내 인생의 크고 작은 은인들을 만나면서 나는 조금씩 단련되고 있었다.

하나님과 사람들의 도움이 없이는 절대로 시작할 수 없었던 대학시절, 나는 그 대학시절을 통해 또 다른 세상을 경험했다.

어느 날 중앙대학교 영자신문인 중앙헤럴드에서 견습 기자를 모집한다는 소식을 들었다. 내겐 좋은 기회였다. 기자로 활동하면 훨씬 더 많은 걸 접할 수 있겠다는 생각에 지원을 했다. 난 중앙대 경상대학 상학과 1학년 대표를 맡았다.

글쓰기에 취미가 있던 나는 학보사에서 일하게 됐다. 학보를 만드는 일은 재미도 있었지만, 당시 교내 문제나 사회문제에 더 관심을 갖게 되는 계기가 되었다. 열악한 환경 속에서도 학보를 만드는 일은 꽤나 보람 있었다.

그 해가 1959년도였다.

그 해 마지막 날 수원매산교회에 갔다. 조용히 혼자만의 시간을 가지며 지나온 시간들을 돌아보았다.

무작정 상경 길에 올라 고생했던 일과 양아치 소굴에서의 아찔했던 순간들, 수원 파출소와 역전에서의 생활, 철도원이 되겠다며 서울에 갔다 돌아오는 길에 자살하려 했던 일, 교회 종각에서의 생활, 지금의 대학교 생활과 편안한 보금자리... 모든 일들이 주마등처럼 지나가면서 매 순간 감사할 것들이 무수히 많았음을 기억해내게 되었다. 내가 힘든 때마다 나를 도와주던 사람들이 없었다면 나는 지금 어떻게 되었을까?

막연하게 길을 나섰던 내가 지금 이 자리까지 올 수 있겠 된 것이 내가 잘나서였을까? 내가 위기의 순간들을 잘 극복해서? 정말 그랬을까? 어떤 순간에도 나는 혼자가 아니었다. 그렇기에 매 순간을 열심히 할 수 있었다. 그리고 도와주는 사람들에게 은혜를 갚는 길은 현재 내가 할 수 있는 곳에서 최선을 다하는 것이 유일한 방법이라고 여겼다.

짧은 인생이었지만 지금까지 숱한 위기의 순간들을 맞았다. 가진 것도 배운 것도 없었기에 나의 힘으로는 도저히 극복할 수 없는 일들이었다. 다만 교회에서 얼핏 들은 하나님에 대한 막연한 믿음 뿐이었는데, 그 믿음이 인생의 고비마다 길을 열어주었다는 깨달음이 찾아왔다. 내게도 하나님께서 역사하고 계심이 느껴졌다. 너무나 감사했다.

그야말로 성경 이사야 40장 29절~31절 말씀을 체험하고 있었던 것이다.

"피곤한 자에게는 능력을 주시며 무능한 자에게는 힘을 더하시나니, 소년이라도 피곤하며 곤비하며 장정이라도 넘어지며 쓰러지되 오직 여호와를 앙망하는 자는 새 힘을 얻으리니 독수리가 날개 치며 올라감 같을 것이요 달음박질하여도 곤비하지 아니하겠고 걸어가도 피곤하지 아니하리로다."

그렇게 시간은 흘러 어느새 내가 중앙대학교에 입학한 지도 1년이 지났다.

1960년 3.15 부정선거가 있던 해였다.

겨울 방학 중이었지만, 학교 신문사에는 학보사 친구들이 나와 있었다. 한참 정치적 상황들이 이슈가 되던 때였다. 의협심에 불타 있었던 우리들은 학교신문이 나오면 둘둘 말아 띠지에 끼워서 서울뿐 아니라 지방으로 보냈다. 그 때 중앙대학교 총학생회장이 수원북중학교 출신인 이병준이라는 선배였다. 같은 수원 출신이라 무척 친하게 지냈으며, 학보사 발행과 관련해서도 자주 만났다.

그 당시 야당인 민주당 대통령 후보가 유석 조병옥 의원이었다. 그는 1954년 제3대 민의원에 당선되고, 이듬해 민주당 최고위원이 되었으며, 1956년 대표최고위원에 선출되어 야당을 지도하고 있었다. 국민들의 지지율도 높았고, 신망 받는 대통령 후보였다. 대학생들 사이에서도 지지자들이 많았다. 그러던 그가 1960년 2월15일 미국에서 병환으로 돌아가셨다. 그의 죽음을 많은 이들이 안타까워했고, 일부에서는 갑작스런 죽음에 의구심을 갖기도 했다. 나와 학보사에 있던 친구들도 충격이었다. 이번엔 조 후보가 대통령이 될 수 있다는 희망을 갖고 있었기에 그의 죽음은 너무나 안타까웠다.

2월 19일 그의 유해가 한국으로 오고 있었다. 중앙대학교 임영신 총장이 문상을 간다는 소식을 접하고, 학보사 친구 8명이 동행하게 되었다.

검은색 승용차 2대에 나눠 타고 돈암동으로 조문을 갔다. 돈암동 주변에는 벌써 많은 조문객들이 줄을 잇고 있었다. 대학생들도 눈에 많이 띄었다. 그때 차창 밖에서 누군가 혈서를 쓰고 있는 모습이 보였다. 젊은 혈기에 조 후보의 죽음을 안타까워하며 혈서를 쓰고 있는 모습이 순간 멋져 보였다.

'그래, 이 안타까운 상황을 어찌 말로만 표현한단 말인가. 내 피로 그 마음을 표하리라'는 마음이 불타올랐다.

건물 입구에는 조문객들로 발 디딜 틈이 없었다. 여기저기서 애도의 눈물을 흘리는 이들이 많았다. 어떤 이들은 울분을 토해내며 격하게 구호를 외치기도 했다. 혈기왕성한 젊은이들은 혈서를 쓰며 통곡하기도 했다. 벽면엔 붉은 혈서들이 가득했다. 그 혈서들을 보니 더 격한 감정이 치밀어 올랐다.

나는 입구에서 종이 한 장을 집어 들고, 힘껏 손가락을 깨물었다. 뚝뚝 피가 흘렀다. 손가락의 통증 따윈 안중에 없다는 듯 난 그 자리에서 생각나는 대로 혈서를 쓰기 시작했다.

"아아... 땅을 치며 통곡할 일이어라.
그대 새 빛 되기를 조석으로 빌었으며,
조국 위해 오신 '유석' 만세 살기 빌었건만
근역 만리 타국에서 그대 오늘 가셨으니
남기신 그대 업적, 청사에 빛나리니
그대 영혼 새 빛 되어 조국 위해 빛나리라."
1960년 2월 19일
중앙대학교 경상대학 상학과 1학년 송용필.

주변에서도 혈서를 쓰는 이들이 많았다. 난 그 혈서를 벽면에 붙이고 조문을 마쳤다. 마음 속 한구석에는 비장한 느낌을 지울 수가 없었다. 젊은이로서 해야 할 일을 했다는 생각에 조금은 위안이 되기도 했다.

그런데 그날 오후 석간신문(한국일보 3면)에 "한 대학생은 「그대 새빛 되기를 조석으로 빌었으며」라는 100 여자의 시를 혈서로 써 놓고 가다"라는 제목으로 내 혈서내용이 실렸다.

학교에 가보니 학생처장실로 오라는 연락이 왔다. 처장실로 가니 경찰이 보였다. 그 경찰들은 나를 보자마자 신문을 내밀며 "이 혈서 네가 쓴 거 맞아? 이 글 써 준 사람이 누구야? 누가 선동했어?"라며 거칠게 나를 몰아 세웠다. 내가 직접 쓴 거라고 하니, "바른대로 말하라"며 더욱 거칠게 나왔다.

"네가 이렇게 수준 있는 글을 쓸 리가 없다. 뒷조사까지 다 하고 왔으니, 빨리 배후를 말하지 않으면 감옥에 쳐 넣을 거다. 선동자가 누군지 빨리 말해!"

속으로 억울했다.

'아니 내가 쓴 글이 아니라니, 불타는 의협심에 내 피로 직접 쓴 혈서를 누가 사주했다고?'

난 더 큰소리로 따져 물었다.

"내가 쓴 글이 맞습니다. 내 뒷조사를 했다니 아시겠지만 나는 고등학교 때도 때 전국 글짓기대회에서 상을 탔던 사람입니다."

주변에 학생들이 몰려들어 경찰에게 야유를 보냈다.

"아니, 이 자식이 어디서 큰소리를 치고 난리야. 오늘은 그냥 가 겠지만, 꼭 배후를 밝힐 테니까 두고 봐! 알았어?"

경찰은 더 이상 내게 캐낼 것이 없자 씩씩대며 나갔다. 그러자 학생처장은 언짢은 표정으로 말했다.

"아니, 이 복잡한 시국에 왜 그런 일로 학교를 시끄럽게 만드나? 별도의 연락이 있을 때까지 집에 있게."

학생처장의 말이 더 억울하고 한스러웠다.

'아니, 그 일이 그렇게도 잘못된 일이란 말인가?'

난 억울하다며 학보사 친구들과 학생처장실을 나오지 않고 버 티고 있었다. 그러자 경비들이 들이 닥쳤고, 그길로 정문까지 질질 끌려 나갔다. 억울하고 분했지만 어쩔 수가 없었다.

연락이 올 때까지 학교에 오지 말란 소식을 들었기에 어쩔 수 없이 수원으로 갔다.

발 없는 말이 천리를 간다 했던가?

내가 학교에서 쫓겨났다는 소문은 벌써 수원에까지 나 있었다. 고등학교 선생님을 만났는데 걱정하며 말씀하셨다.

"왜 그런 짓을 했니? 이젠 학교도 못 가고, 출세도 못하고, 큰일 이다."

가정교사를 했던 서울의 그 집에도 피해를 줄 것 같아 나와야 했다. 의협심에 불타 옳다고 생각하고 했던 일이 이렇게까지 큰 영 향을 줄 지 몰랐다.

나는 졸지에 잘 다니던 대학도 못 가고, 서울의 안락한 보금자리도 잃어버린 신세가 되었다.

그러나 그렇다 해서 내가 한 일에 대해 후회를 하거나 누구를 원망하는 마음은 없었다.

하지만 그대로 주저앉아 있을 수만은 없었다. 공부만큼은 어떻게든 계속하고 싶었다.

그때 마침 외국어대학교에서 특차 모집이 있어 좋은 기회라 생각되어 시험을 다시 쳐 영어과 1학년으로 입학했다.

외국어대학교에는 국가가 대여하는 장학금이 있었다. 그 장학금을 받으면 2년 동안 학비와 생활비를 충당할 수 있었다. 하지만 그 장학금은 극소수에게만 혜택이 주어졌고, 장학금을 받으려면 보증인도 필요했다.

당시 공주에 살던 우리 식구들은 수원으로 이사를 했다.

식구들이 떨어져 사는 게 좋지 않다고 생각돼 부모님께 수원으로 오시길 권했고, 큰형만 학교 재직 중이라 공주에 남고 다른 식구들은 수원으로 왔다.

나는 우선 보증인을 알아봐야 했다.

그 당시엔 내가 수원사람들 사이에는 제법 소문이 나 있었다. 구두 닦던 사람이 성공했다며 칭찬이 자자했던 때였다. 그래서 보증인 구하는 걸 쉽게 생각했다. 평소 잘 아는 사람부터 얘기를 꺼냈다. 하지만 다들 이리저리 핑계를 대며 자리를 피하기만 했다.

'아니, 보증인을 세우는 게 이렇게 힘들단 말인가? 나를 믿는 사람들이 이리도 없단 말인가?'

슬슬 오기가 났다. 어떻게든 보증인을 찾아야 한다고 마음 속으로 다짐을 했다.

그러다 무작정 수원시장을 만나러 갔다. 시장을 만나는 게 쉽지는 않았지만, 그래도 한나절을 기다린 끝에 윤긍렬 수원시장을 만날 수 있었다.

내 사정을 들은 윤 시장은 "나는 재산이 별로 없어 보증을 설 형편이 안 된다네. 하지만 자네 사정을 듣고 보니, 안타깝기도 하고, 앞날이 걱정되기도 하니, 내 동생을 소개해 주겠네"라고 했다.

나는 떨 듯이 기뻤다. 사실 크게 기대를 하고 온 것이 아니기에 뜻밖의 소개를 받고 얼떨떨한 기분이 들기도 했다. 그리고 윤 시장의 동생인 윤응렬이란 분을 소개받았다.

그즈음 나는 잠시 국회의원 선거사무소에서 일을 도와주었는데, 내가 지지한 후보가 당선됐다. 그런데 윤응렬 씨는 선거운동 당시, 상대편 후보자였다.

'하필 소개시켜 준 사람이 상대편 후보라니...'

선거는 끝났어도 그 후유증은 남아 있었다.

한참을 망설이다가 용기를 내어 그를 찾아갔다. 대문 몇 개를 통과하자 대청마루가 나왔다.

내 소식을 미리 들었는지, 그는 나를 보자마자 말을 건넸다.

"어이, 송 군! 선거 때는 나를 안 돕고 적수를 도와주더니, 이런 건 나한테 도와 달라고 하네 그려, 허허."

호탕하게 한번 웃고는 말을 이었다.

"어머니! 내 인감 주세요."

그 자리에서 바로 보증을 서 주었다.

나는 깜짝 놀랐다. 마지막이다 하며 용기 내어 찾아 나선 보증인인데, 그것도 선거 때 적군이었던 나에게 이렇게 바로 보증을 서 주다니... 정말 멋진 사람이었다. 나는 그 분 덕에 2년 동안 외국어 대학교를 맘 편히 다닐 수 있었다. 내 삶에 또다시 찾아온 은인이었다.

그뿐이 아니었다. 졸업 후에 학비를 위해 대여한 돈을 갚기 위해 은행에 찾아 갔더니, 벌써 그 분이 돈을 다 갚아 주었다고 했다.

'살다보니 내게도 이런 행운이 찾아오는구나!'

어쩌면 그분은 나와 원수로 지낼 수도 있었는데, 하나님은 오히려 그가 나를 돕는 자가 되게 하셨다. 잠언 20장 24절 말씀이 떠올랐다. "사람의 걸음은 여호와로 말미암나니 사람이 어찌 자기의 길을 알 수 있으랴"

나는 너무나 감사했고, 그 분의 인품에 다시 한 번 놀랐다. 그 분은 지금도 내 생애에 만난 가장 멋진 분 중 한 분으로 기억하고 있다.

김장환 목사님을 만나다

누구에게나 인생의 터닝 포인트가 될 사건이 있게 마련이다.

내 삶에도 수 많은 사람들과의 만남이 있었고, 많은 은인들이 있었지만 그중에도 내 인생을 통틀어 가장 큰 파장을 불러 일으킬 사람을 만나게 된 순간이 있었다. 그 때는 4. 19 혁명이 일어난 지 며칠 지나지 않은 어느 날이었다. 중학교 때 같은 교회에 다니면서 알게 된 체조 선생님과 수원 영동파출소 앞에서 만나게 되었는데, 그 자리에 후덕한 인상에 명료한 목소리를 가진 호감형의 남자가 함께 있었다. 그 분이 바로 내 삶의 멘토이자 지금까지도 내게 영향력을 끼치고 있는 김장환 목사님이셨다.

김장환 목사님은 미국 밥존스대학교와 동신학대학원을 졸업하고 한국선교와 복음화를 위해 고향인 수원으로 돌아오신 분이셨다. 당시 수원중앙침례교회에서 목회를 하면서도 십대 선교회(YFC)를 통해 많은 청소년들을 선교하고 계셨다.

체조 선생님이 나를 김장환 목사님에게 소개했다.

"송 군은 공부도 잘 하고, 독실한 크리스천입니다."

김장환 목사님은 나를 바라보면서 말씀하셨다.

"신앙심이 두터운 친군가 보네요. 문화원에서 우리 학생들 모임이 있는데, 비슷한 또래고 하니 와서 간증을 하면 어떻겠소?"

그 당시 난 간증이라고 하면 그냥 사람들 앞에 나가서 내 얘기만 하면 되는 줄 알았다. 사실 처음 해보는 거라 해도 두려울 게 없었다. 언제나처럼 열심히 하면 된다는 것을 본능적으로 알고 있었고 웅변대회 입상자 출신이었기 때문이다.

'그거야 뭐 어려운 일도 아닌데...' 하면서 그러겠다고 답하고, 며칠 후 문화원으로 갔다.

혼자 가기가 좀 쑥스러웠던 나는 친구와 함께 갔다.

문화원의 모임은 십대 청소년들을 대상으로 선교하는 김장환 목사님이 대표로 있는 YFC(Youth For Christ) 모임이었다. 간증 시간이 되자 친구와 나는 회원들 앞에 나가 그 동안 살아왔던 얘기들을 했다.

나는 조금 떨리기는 했지만 그래도 곧 적응이 되어 담담하게 간증을 제대로 마칠 수 있었다.

사람들의 표정을 보며 약간의 안도감을 느꼈다. 내가 이야기하는 도중에 몇몇은 고개를 끄덕이기도 하고 내 말이 끝날 때쯤에는 공감이 간다는 표정으로 진지하게 나를 바라보기도 했다.

처음 하는 것치고는 이 정도면 잘 했지 싶은 마음도 들었다. 하지만 간증이 끝난 후 김장환 목사님이 하신 말씀은 내 가슴 깊숙한 곳에 비수로 꽂혔다.

"이 두 친구의 간증 안에는 크리스천이라는 증거가 없군요."

'아니, 그 동안 교회도 열심히 다니고, 기도도 열심히 했는데 크리스천이라는 증거가 없다니......'

함께 갔던 친구는 창피하다며 그 이후 교회엔 얼씬도 안했다.

나 역시 창피하기는 마찬가지였지만, 그래도 김장환 목사님이 말씀하신 '크리스천이라는 증거'가 무엇을 말하는지 궁금했다.

몇 날 며칠을 그 생각만 했다. 도대체 그게 뭘까 하는 궁금증이 머리를 떠나지 않았다.

'내가 크리스천이라는 증거가 무엇인지를 알려면 어떻게 해야 하는 거지?'

오랜 고민 끝에 내 안에 이제부터는 제대로 신앙생활을 해야겠다는 울림이 생겼다. 그래서 교회도 김장환 목사님이 계시는 수원 중앙침례교회로 옮기게 되었다. 그렇게 김장환 목사님과의 긴 인연이 시작되었다.

그런데 여전히 나에게는 '예수님을 믿는다는 게 무슨 뜻일까?'라는 의문이 떠나지 않았다. 그저 열심히 교회에 나와 기도를 드리고 찬송을 하기만 하면 예수님을 믿는 건지, 아니면 예수님의 어떤 응답이 있어야 가능한 건지 알 수가 없었다. 그렇다고 딱히 누구에게 물어볼 수도 없었다. 다들 그 해답을 알고 있는 듯이 보였고 나만 모르고 있다는 사실이 알려질까 두렵기도 했다.

그러던 어느 주일 예배 때, 김장환 목사님의 설교가 마음에 들어오기 시작했다.

"예수님께서 우리를 구원하기 위해 이 땅에 오셨고, 그 예수님이 우리의 죄를 대신하여 죽으셨고, 그 예수님을 믿으면 우리가 지은 모든 죄가 용서됩니다. 구원 받고 하나님의 자녀가 됩니다.

성경 요한복음 1장 12절에 '영접하는 자, 곧 그 이름(예수)을 믿는 자는 하나님의 자녀가 되는 권세를 주셨다'고 기록돼 있습니다. 그러니 지금 예수님을 구세주로 믿겠다고 고백하십시오. 하나님은 우리의 모든 죄를 용서하십니다. 하나님의 자녀가 됩니다. 교회 다니는 것도 중요하지만, 더 중요한 것은 예수님을 당신이 마음으로 구세주와 주님으로 믿는 것입니다. 그래야 하나님의 자녀로 거듭나게 되고, 진정한 크리스천이 됩니다!"

"아! 바로 그거였구나."

교회를 다니는 것보다 더 중요한 것이 예수님을 나의 구세주와 주님으로 믿는 것이라는 것을 교회를 다니고 나서도 한참 지난 후에야 깨닫게 된 것이었다.

김장환 목사님은 설교 후 기도하자고 하면서 지금 예수님을 믿고 싶은 사람은 앞으로 나오라고 했다. 나는 예수님을 구세주로 믿겠다고 마음먹고 벌떡 일어나 성큼성큼 앞으로 갔고, 김장환 목사님은 앞에 나온 사람들에게 구원의 도를 명확히 설명하고 영접 기도를 시킨 후 구원을 위해 기도해 주셨다.

"영접하는 자, 곧 그 이름(예수)을 믿는 자는 하나님의 자녀가 되는 권세를 주셨나니"(요한복음 1장 12절)

나는 그 순간 예수님을 구세주와 주님으로 믿고 마음으로 영접했다. 드디어 나도 하나님의 자녀로 거듭나는 날이었다. 가슴 가득 벅차오르는 감격으로 그날 밤 제대로 잠을 이루지 못했던 기억이 난다.

　얼마 후 김장환 목사님은 사역을 위하여 잠시 미국으로 가셨다.

　그 당시 난 YFC 활동을 열심히 하고 있었다. YFC 활동을 통해서 나는 대학생과 청소년들의 선교활동에 열심이었으며, 김장환 목사님도 이런 나를 눈여겨 보셨다.

　그 당시 김 목사님은 국내 활동뿐 아니라 국제적으로도 많은 활동을 하고 계셨다.

　YFC 국제본부에서는 한국에 선교사를 보내게 되었는데, 캐나다 해밀턴시 출신인 짐 윌슨이란 사람이 오게 되었다. 하지만 그 사람은 한국말을 전혀 할 줄 몰랐다. 한국에서 활동하자면 누군가의 통역이 필요했다. 난 외국어대 학생이라는 이유로 능숙하지는 못했지만 짐 윌슨 선교사의 통역을 맡게 되었다. 그 사람과 함께했던 2년 동안 영어도 급속도로 늘고, 신앙도 더 성장하게 되었다.

　당시 나는 교회 일과 학교 공부를 병행하며 생활하고 있었다. 그러나 아무리 열심히 산다 해도 여전히 생활은 빠듯했고 온전하게 공부

짐 윌슨 선교사와 함께

에만 전념할 수 없었다.

그렇게 대학교 2년을 마치고 군대 영장을 받았다.

오산비행장 노무자 모집 - 윌리엄 대령과의 만남

군 복무를 마치고 4월에 제대해 집에 왔지만 가족과 함께 살만한 경제적 여유가 없었고, 9월에 복학을 앞두고 있어서 학업도 큰 문제였다.

그러던 어느 날, 신문에서 눈에 확 띄는 구인광고를 보게 됐다. 오산비행장에서 노무자를 뽑는다는 광고였다. 광고를 오려 친구에게 보여주며, 오산비행장 노무자로 취직해야겠다고 했다.

"야, 그게 쉬운 줄 아냐? 거기 취직하려면 뭔가 기술이 있어야 하는데, 너 기술 있어?"

친구는 괜히 헛물켜지 말라고 했다.

"기술? 가서 배우면 되지 뭐, 암튼 난 어떻게든 거기에 들어 갈 거야!"

나는 그렇게 말하고 오산비행장 노무자로 취직하겠다고 각오를 다졌다. 그래야만 뭔가 삶의 돌파구가 생길 것 같았다. 며칠을 그 문제로 기도하다가 김장환 목사님을 찾아 갔다. 왠지 그분을 만나면 뭔가 돌파구가 생길 것 같다는 믿음이 있었다.

그 당시 김장환 목사님은 가끔 오산비행장에서 근무하는 미군들에게 설교를 하기 위해 오산비행장을 출입하곤 하셨다. 나는 조심스럽게 오산비행장 노무자 채용에 대한 이야기를 꺼냈다. 진지하게 진심을 다해 오산비행장 취직을 도와달라고 부탁했다. 조심스럽게 이야기를 꺼내자마자 김장환 목사님은 마침 오산비행장에 아는 친구가 있다며 흔쾌히 승낙하셨다.

'드디어 내 인생에도 희망의 빛이 보이는구나.'

소개만 해 주셔도 감사할 판인데 직접 차를 운전하여 나를 데리고 오산비행장으로 가셨다.

김 목사님 친구는 소령이었다. 그 사람은 자기 계급이 높지 않아서 누구를 취직시킬 수 있는 권한이 없다며 상관을 소개해 주었다. 그 상관은 오산기지 부사령관인 '윌리엄 S. 박스테일 Jr.' 대령이었다.

김 목사님과 함께 그 분 막사에 들어갔더니 이젤을 놓고 그림을 그리고 있었다. 화판 왼편에 어떤 사진을 올려놓고 열심히 그림을 그리고 있었다.

김장환 목사님이 "이 아이의 복학을 위해 일자리를 구하러 왔습니다"라고 했다. 그 말을 들은 대령은 "취직을 해도 학교가 서울이라 너무 먼데 어찌 다닐 수 있겠소?"라며 오히려 김목사님께 반문했다.

그러고는 더 이상 취직 이야기는 없이 다른 이야기만 하다가 갑자기 김 목사님을 바라보며 물었다.

"한국에도 올킷이라는 꽃이 있습니까?"

"그 꽃은 열대성 식물이라 아마도 한국에는 없을 겁니다."

김장환 목사님은 고개를 갸웃거리며 대답했다.

월리엄 대령은 많이 실망한 듯 낙심한 표정을 지었다. 그 꽃그림을 코사지로 그려 발렌타인데이에 아내에게 선물로 주려고 했는데 한국에서는 그 꽃을 볼 수가 없다고 했다.

"아내가 제일 좋아하는 꽃인데…"

월리엄 대령의 표정을 보니 부인에 대한 그리움이 그대로 드러나 보였다. 가족에 대한 그리움으로 조금은 아쉬워 보이는 것도 같았다.

나는 올킷이라는 꽃이 궁금했다.

'어떤 꽃인지 알면 내가 구해주고 싶다.'

구할 수만 있으면 구해 주고 싶었다. 취업이 되고 싶다는 마음도 잊고 안타까워하는 월리엄대령을 위해 무언가를 하고 싶었다. 그 대령과의 첫 만남은 아쉽게도 그렇게 끝났다.

그 날 이후 오산비행장의 취직 건은 아무런 진전이 없었다. 그 먼 곳까지 손수 함께 해 주신 김장환 목사님의 배려와 수고로움이 헛된 노력이 된 것 같아서 죄송하기도 하고 너무나 아쉬웠다.

하지만 내 속에서 들리는 소리가 있었다.

'내가 누구인가? 무일푼으로 서울에 와서 역전에서 살다가 이렇게 대학까지 오게 된 송용필 아닌가? 이대로 앉아서 기다릴 수

만은 없다.'

어떻게든 오산비행장에 취직을 해서 제대로 된 돈벌이를 해야만 했다.

'주님, 다시 월리엄 대령을 만날 방법이 없을까요?'

며칠을 애타는 마음으로 기도하며 그 생각만 하면서 지냈다.

그 때 '올킷'이란 꽃을 찾던 월리엄 대령의 모습이 떠올랐다.

'그래 맞아. 올킷이란 꽃을 구하면 월리엄 대령을 다시 만날 수 있을 거야!'

그 길로 수원에 있는 꽃집을 찾아 갔다. 얼핏 본 기억에 의하면 대령이 그리고 있던 꽃 모양이 난초와 비슷해 보였다.

사전을 찾아 보았더니 Orchid는 '난초'라고 써 있었다.

나는 난초를 한 아름 샀다. 그리고 대령을 만나기 위해 오산비행장으로 향했다.

정문에서 월리엄 대령을 만나게 해 달라고 했다. 사전에 약속을 하고 온 것은 아니었지만 다행히 대령을 만날 수 있었다. 기쁜 마음으로 들고 온 난초를 한 아름 건네며 물었다.

"혹시 대령님이 찾던 꽃이 이 꽃 아닌가요?"

그랬더니 대령은 껄껄 웃으며 말했다.

"내 생각을 해 줘서 고맙네. 하지만, 이 꽃은 아니네. 아마도 한국에서는 구하기 어려울 걸세."

아내를 위해서 꼭 그 그림을 그려 주고 싶은데, 참 많이 아쉽다면서 한국에서 그 꽃을 볼 수 없음을 무척이나 안타까워했다. 혹시나 했는데, 그 꽃이 아니라고 하니 나로서도 매우 실망스러웠다.

허전한 마음으로 수원으로 돌아왔다. 수원 버스 정류장에 내려서 무작정 걸었다.

'이제 어떻게 하지? 이대로 오산비행장에서 일하는 걸 포기해야 하나…'

하지만 쉽게 포기가 안됐다. 거기다 윌리엄 대령의 안타까워하는 모습이 자꾸만 떠올랐다. 그 꽃을 구하지 못한 아쉬움과 가족을 그리워하던 모습이 자꾸만 아른거렸다.

'한국에는 정말로 그 꽃이 없는 걸까? 꽃이 많은 곳이 어디지?'

평소에도 남들이 어려워하거나 부탁하는 것이라면 뭐든지 들어주느라 친구들은 오지랖이 넓어서 피곤하겠다고 놀리곤 했던 터지만 그것이 나의 성품이었기 때문에 어쩔 수가 없었다. 어떻게 하면 그 사람을 도와줄 수 있을까를 계속 생각하다 보면 결국 해답이 보인다는 것을 경험상 알고 있었기에 이번에도 어떻게 해서든 윌리엄 대령을 돕고 싶었다.

그 때 번쩍 떠오르는 곳이 있었다.

'그래 맞아. 식물원에 가면 구할 수 있을지도 몰라.'

난 그 길로 수원에 있는 서울대학교 농과대학의 식물원으로 달려가서 연구원에게 물었다.

"여기 올킷이라는 꽃 있어요?"

"아, 올킷. 여기에 있긴 한데, 지금은 꽃이 피기 전인데?" 하면서 양파처럼 생긴 포기를 도감과 함께 들고 나왔다.

"이게 올킷이네. 여기서 꽃이 피는데 기가 막히게 예쁘지."

보랏빛 꽃이었는데 내가 봐도 너무나 아름다운 꽃이었다.

생화는 없어도 이 도감만 있으면 그림을 그릴 수 있겠다 싶었다. 그래서 도감을 좀 빌려달라고 했다.

"이 사람아, 자네가 누군지 알고 이 비싼 책을 빌려준단 말인가? 어림도 없네"하며 책을 도로 가져 가려했다.

순간 하나님이 지혜를 주셨다.

"저... 잠깐만요, 혹시 이재영 선생님을 아세요?"

이재영 선생님은 중학교 영어선생님이셨는데, 농과대학 출신으로 웅변대회에서 여러 번 우승도 하고 수원에서는 꽤 유명한 분이셨다. 그 순간 그 분이 떠올라 혹시나 해서 말한 것이다.

"아니, 자네가 어떻게 이재영 선배님을 아는데?"

"제 영어선생님이셨는데, 그 분에게 말하면 저를 잘 알 겁니다."

"그래! 그 분이 인정하는 사람이라면 믿을 수 있지. 알겠네. 잘 보고 돌려 주게나."

그 순간 어떻게 그 분이 떠올랐는지는 사실 지금 생각해도 잘 모를 일이다. 나 혼자만의 힘으로는 절대 이루어질 수 없는 일들이 하나 둘 생기는 것에 하나님께 감사한 마음뿐이었다.

그런데 일이 수월하게 풀려가자 괜한 기대도 생기기 시작했다. 식물원으로 달려 갈 때까지는 대령님을 돕고 싶다는 마음이 전부였는데, 내가 오산비행장에 취직하는 것이 어쩌면 하나님의 뜻일지도 모르겠다는 생각도 들기 시작한 것이다.

나는 그 길로 도감을 들고 오산비행장으로 갔다. 이번엔 정문에서 짚차를 타고 윌리엄대령 사무실까지 갔다. 미리 연락을 해서 올킷 모습이 담긴 도감을 구했다고 알렸던 탓에 대령이 나를 호위하라고 사전에 명령을 내려놓은 탓이었다. 대령은 반갑게 나를 맞이했다.

"그래 그 꽃을 구했다고?"

"네, 생화를 구하진 못했지만, 생생한 그림이 여기 있습니다."

도감을 펼쳐 올킷을 보여 주었다.

"맞아! 바로 이 꽃이야!"

마치 꽃향기가 나는 것처럼 심호흡까지 해 가면서 올킷을 지켜보더니 그 자리에서 미완성이던 그림을 그려 나가기 시작했다. 그러더니 얼마 안 있어서 그림을 완성하여 보여 주었다. 스스로도 매우 만족한 모양이었다.

"자네 덕분에 내가 그림을 완성했구먼 그래, 고맙네. 아내가 너무 좋아할 걸세."

몇 번이나 고맙다는 말을 반복했다. 진짜 생화를 구해드린 것도 아닌데 너무 고마워하시니 그 모습에 내가 더 고맙다는 생각을 했다. 그리고 도감을 구해드리기를 정말 잘했다는 생각이 들었다. 그러나 노무자 자리 취직에 대한 언급은 없었다.

나는 대령께 인사를 하고 사무실을 나왔다. 그리고 정문을 향해 걸어가는데, 기름때 묻는 작업복을 입고 분주하게 일하는 내 또래 청년들이 보였다. 그들을 보자 뭔가 아쉬운 마음이 들었다.

'만약 이번에 채용이 되었다면 나도 저들 사이에 있었겠지? 열심히 일하고 두둑한 월급봉투를 받아서 부모님께 가져다 드리기도 하고 학교 복학도 하고, 얼마나 좋았을까......'

한동안 못 박힌 채 서있던 나는 마음에 그득한 미련만 안고 집으로 돌아왔다.

그날 밤 자꾸만 밀려드는 생각들에 시달렸다. 나의 수고는 대령이 진심으로 건네준 고맙다는 말에 분명히 보상이 되었다. 멀리서 가족을 그리워하는 그 마음에 위로가 된 것 같아 기뻤다. 거기서 생각이 그치면 좋으련만, 가족이라는 말에 내 부모님과 형제들의 모습이 꼬리를 물고 떠올랐다.

'하루빨리 좋은 곳에 취직해 부모님과 가족들을 돌보고 학교도 다녀야하는데' 라는 생각이 들었고, 그 때 체면불구하고 한 번 더 취직을 부탁드려볼 걸 그랬나 하는 아쉬움도 들었다.

그렇게 여러 날 심란한 마음으로 지내는데, 윌리엄 대령이 한국에서의 임무를 마치고 본국으로 돌아갔다는 소식이 들려왔다. 대령과의 인연이 결국 거기서 끝난 것이다.

나도 사람인지라 마음에 실망이 왔다. 하나님의 뜻이 아니었던 것 같았다. 이 생각 저 생각 해 봐도 앞날에 대한 좋은 방법이 떠오르지 않았다.

그러던 어느 날 아침, 개운치 않은 마음으로 경건의 시간을 가졌다.

"주님, 앞날을 생각하면 희망적인 생각보다는 어두운 생각이 먼저 듭니다. 그간도 이렇게 저렇게 나름대로 노력해 봤는데...그 때 그 때 뭔가에 막히는 기분이 듭니다. 주님, 저를 긍휼히 여겨 주옵소서. 저의 앞 길을 선히 인도해 주옵소서. 제 마음에 두려움이 있습니다."

기도 중에 삶이 힘겹게 느껴졌다. 슬픈 마음이 밀려왔다.

그 순간 갑자기 눈물이 쏟아졌다. 두려움... 그 말을 입 밖으로 내는 순간 그간 홀로 짊어져 온 외로움과 서러움이 와르르 무너지는 게 느껴졌다. 내려놓을 수도 없고, 더는 지고 갈 수도 없었던 짐들을 그렇게 쏟아버린 나는 그 설움의 복판에 주저앉아 한참을 울었다. 누구에게도 말할 수 없었지만 두려웠다. 아니 정확하게 말하면 그런 두려움을 토로하고 위로받을 어떤 대상도 없이 혼자서만 버텨온 시간이었다. 나는 막막한 미래에 대한 두려움을 주님께 마음껏 토로했다. 그리고 더욱 주님께 깊숙이 들어가 주님의 도우심을 구했다.

"주님, 저를 고아와 같이 두지 마옵소서. 도와 주옵소서. 제가 어떻게 해야 할까요, 주님?"

그 때 마음을 울리는 말씀이 있었다.

잠언 3장 5절과 6절 말씀이었다.

"너는 마음을 다하여 여호와 하나님을 신뢰하고 네 명철을 의지하지 말라. 너는 범사에 그를 인정하라. 그리하면 네 길을 지도하시리라."

순간 마음을 무겁게 하던 어둠이 사라지고 찬송이 나오며 환한 햇살이 비춰졌다. 그 말씀을 반복해 읽고 암송했다. 주님을 위해 열심히 살려는 의욕이 넘쳤다. 그리고 평생 그 말씀을 붙들고 살리라 기도하며 다짐했다.

 ## 하나님이 숨겨 둔 카드

몇 달 후 난 다시 외국어대학교에 복학을 했다. 그러던 중 어느 분의 소개로 수원에서 버스회사를 운영하는 분의 집에 가서 가정교사를 시작하게 됐다. 다시금 서울과 수원을 왔다 갔다 했다.

그러는 사이 6개월이 흘렀다.

어느 날 집에 돌아와 보니 내 앞으로 국제우편이 한 통 와 있었다. 발신지를 보니 미국이었다. 잠깐 윌리엄 대령님이 생각났지만 발신인 이름을 보니 아무래도 여자 같았다. 어쨌든 내게 온 편지가 맞으니 읽어 보았다.

"송용필 학생에게,

나는 미국 윈터파크에 있는 인터라켄 감리교회의 교인입니다.

얼마 전 윌리엄대령이 귀국해 우리 교회에서 간증을 했습니다.

그는 한국에서의 일들을 주로 간증했는데 나는 그 중 '송용필 학생'의 이야기에 관심을 갖게 되었습니다. 매우 총명하고 성실한 청년인데 학비가 부족해 곤란을 겪고 있다는 사연을 이야기하며 윌리엄이 몹시 안타까워했습니다. 그리고 그 사연을 듣는 동안 나 역시 윌리엄 만큼이나 안타까움을 느꼈습니다."

사연인즉, 그 교회는 윌리엄 대령이 다녔던 교회로 한국에서 임무를 마치고 돌아간 윌리엄 대령이 한국에서의 일을 간증하면서 나의 어려운 사정을 이야기했다는 것이다. 그 이야기를 듣고 너무 안타까운 마음이 들어 기도했는데 하나님이 자신을 나의 후견인이 되라고 말씀하셨다고 했다.

편지를 보내온 분은 미국에서 남편 없이 혼자 사는 할머니였는데, 그 분은 내가 "외국어대학교를 졸업할 때까지 2년 동안 나의 학비와 생활비 일체를 후원해 주겠다"고 편지로 약속을 했다.

'내게도 이런 행운이 올 수 있구나.'

할머니의 아들은 불모지를 개간해 오렌지 농장을 운영하는 부유한 경영주였다. 편지 말미에 "더는 걱정 없이 공부에만 매진하고, 훗날 반드시 하나님께 영광 돌릴 수 있는 사람이 되길 바란다"는 구절을 읽는데 마치 하나님께서 내게 해주시는 말씀 같았다.

윌리엄 대령과의 인연은 6개월 전에 끝났다고 생각했는데, 그건 순전히 내 생각이었다.

하나님께서는 이렇듯 내가 상상도 하지 못한 크기의 축복을 이미 그때부터 예비해 두셨던 것이다. 윌리엄 대령과의 인연에서 나는 비행장 노무자를 소망했는데, 하나님께서 숨겨 둔 카드는 노무자가 되어 일하는 것 보다 비교할 수 없이 좋은 것이었다.

그 순간 잠언 3장 5절에서 6절 말씀이 떠올랐다.

"너는 마음을 다하여 여호와 하나님을 신뢰하고 네 명철을 의지하지 말라. 너는 범사에 그를 인정하라. 그리하면 네 길을 지도 하시리라."

그리고 이사야서 55장 8,9절 말씀도 떠올랐다.

"내 생각이 너희의 생각과 다르며 내 길은 너희의 길과 다름이니라 여호와의 말씀이니라 이는 하늘이 땅보다 높음 같이 내 길은 너희의 길보다 높으며 내 생각은 너희의 생각보다 높음이니라"

그렇게 나는 후원자 할머니의 도움으로 대학을 끝까지 다닐 수 있었고, 고등학교 영어 교사자격증까지 취득하게 되었다. 하나님의 도우심이 없이는 도저히 일어날 수 없는 기적의 순간이었다.

그런데 대학을 졸업할 때쯤 후원자 할머니에게서 뜻밖의 편지가 왔다.

미국에 와서 공부를 해 보지 않겠느냐는 내용이었다. 사실 그당시로는 미국 유학은 생각지도 못했다. 무엇보다도 형편이 되지 않았고, 그저 전공을 살려 영어선생님이 되어 학생들을 가르쳐야

대학 시절

겠다고 마음먹던 때였다. 할머니의 뜻밖의 제안에 나는 당황스러웠다. 지금껏 후원을 해 주신 것도 고마운데, 유학까지 오라고 하니 어떻게 받아들여야 할 지 몰랐다. 더군다나 미국엔 아무런 연고도 없지 않은가? 어떻게 나 혼자 맨몸으로 갈 수 있단 말인가? 그 후견인도 편지로만 서로를 알던 사이라 어떤 분인지 그 이상은 알 도리가 없던 터였다. 그 날 이후 나는 행복한 고민에 빠졌다.

머나먼 미국에서 새로운 시작에 도전할 것인가?

여기 한국에서 영어 선생님으로 안정적인 일을 시작할 것인가? 그러나 내 생각으로는 도저히 답이 나오지 않았고, 하나님께 기도하는 수밖에는 방법이 없었다.

그 편지를 받고는 많은 날을 기도했다. 그리고 김장환 목사님을 찾아갔다. 어려운 일이 있을 때마다 찾아가 조언을 들을 수 있는 지혜로운 분이 있다는 것은 내 인생에 있어 큰 행운이었다. 미국 상황에 밝았던 김 목사님은 직접 알아봐 주시겠다며, 걱정하지 말라고 했다. 그 후 김 목사님은 미국에 출장 가셨을 때 윈터파크에 들려 직접 할머님을 만나 보았고, 유학에 필요한 일체의 사항들을 알아봐 준 것도 모자라 손수 유학 준비까지 도와주셨다.

힘든 일이 있을 때마다 '나 같은 인생에도 좋은날 올까?' 라는 생각뿐이었다. 그러나 하나님을 믿게 된 후로 내 인생에 대한 의심과 비관적인 생각들이 어느새 사라지기 시작했다. 하나님께서 보내주신 천사 같은 은인 분들 덕분에 내 인생에 좋은 날들이 늘어나기 시작했다. 내가 그 분들을 만나게 된 것은 결코 나의 잘남이 아니라 오직 하나님의 은혜였다.

구원과 같이 값 없이 받게 된 선물이었다. 그리고 그 선물들을 받게 되면서 내 인생에 대해 점점 기대하게 되었다.

'하나님이 나를 어떻게 사용하시려고 이렇게 가르치시고, 놀라운 도움을 주시는 걸까?'

나는 나를 향한 하나님의 계획하심이 있음을 분명히 깨닫게 되었고, 그 계획이 무엇일지 점점 더 기대하게 되었다.

그런데 몇 가지 문제가 있었다. 먼저 유학을 가서 어떤 공부를 해야 할지 고민스러웠다. 유학시험도 봐야 했다. 국사와 영어 과목이었다. 그때 김장환 목사님은 비즈니스 관련 공부를 해 보면 어떻겠냐고 말씀하셨다. 나는 그것도 괜찮겠다 싶어 관련 자료를 찾아보았다. 그리고 학교는 김장환 목사님이 졸업한 밥존스대학교로 가기로 하고 차근차근 유학준비를 해 나갔다. 나에게 새로운 세상이 시작되는 설렘의 시간들이 다가오고 있었다.

김장환 목사님은 그 당시에 선교를 위해 수원에 기독병원을 세웠다. 나는 미국에서 공부가 끝나면 다시 한국에 와서 김 목사님의 복음 사역을 돕겠다는 생각을 했다.

어떻게든 은혜를 갚고 싶다는 마음뿐이었다.

그만큼 은혜를 입었고 하나님께서 허락해 주신 만남임을 확신하게 되는 많은 사건들을 겪었기 때문이다.

무엇보다 가장 어려웠던 내 청년 시절에 주님께서 그 분을 통로로, 내 인생에 큰 도움을 주셨다.

제 2 장

철저하게 준비시키시고
부르시는 하나님

"하나님이 모든 것을 지으시되 때를 따라 아름답게 하셨고
또 사람들에게는 영원을 사모하는 마음을 주셨느니라
그러나 하나님이 하시는 일의 시종을
사람으로 측량할 수 없게 하셨도다"
(전도서 3:11)

신혼시절

미국 유학길에 오르다

1966년 12월 27일.

매서운 찬바람이 부는 날, 나는 김포공항에 도착했다.

김장환 목사님이 수원에서 공항까지 손수 운전해 주셨다.

고국을 떠나 머나먼 길을 향하는 첫 걸음이었다. 누구에게나 그
렇듯이 떠나는 사람의 마음은 허전하고 아쉽기 마련이다.

사실 부모님 생각을 하면 그냥 취직해서 돈을 벌어야 당연했다.
그래도 공부하러 미국으로 간다고 하는 아들을 기꺼이 보내주시
는 부모님께는 늘 죄송한 마음뿐이었다.

아쉬워하는 가족들을 뒤로 하고 설렘과 동경의 마음으로 비행
기에 올랐다. 미국에 있는 후견인 할머니가 사는 플로리다에 가려
면 김포공항에서 동경과 하와이를 거쳐 워싱톤을 지나야 최종 목
적지인 플로리다에 도착할 수 있다. 비행기를 4번 갈아타야 하는
참으로 먼 곳이었다.

처음 타는 비행기는 낯설기만 했다. 마침 옆자리엔 외국어대
교수님이 타고 계셨다. 그 분과는 얘기가 잘 통했다. 동생이 외대
스페인어 학과에 다닌다고 하니 동생을 안다고 무척이나 반가워
했다.

고국을 떠나 낯선 미국 땅에 간다고 생각하니 잠도 제대로 오
지 않았다.

수중에 가진 돈도 100불이 전부였다. 든든한 후원자의 초청을 받아 가는 길이었지만, 한편으로는 불안한 마음도 들었다. 이제까지도 혼자서 모든 걸 헤쳐 왔지만, 이제부터는 아는 사람 하나 없는 미국이다. 지금과는 다른 결단이 필요했다.

주님이 이끌어 주시길 기도했다.

그 때 또 마음에 "너는 마음을 다하여 여호와 하나님을 신뢰하고 네 명철을 의지하지 말라. 너는 범사에 그를 인정하라. 그리하면 네 길을 지도하시리라" 는 잠언 3장 5절과 6절 말씀이 떠올랐다. 나의 기도에 대한 주님의 응답이었다.

다시 굳건히 마음을 다하여 주님을 신뢰하고 의지하리라 다짐했다.

그렇게 기도를 드리자 어느새 축쳐져 있던 어깨에 힘이 들어가 있었다.

'주님이 함께 하시는데… 뭐!'

몇 번이나 되새기면서 하나님이 약속하신 말씀을 묵상했다.

그럴 때마다 희망이 솟아났다.

마음에서 이런저런 생각을 하고 있을 때 맛있는 음식냄새가 풍겼다. 승객들 앞으로 식사가 나왔다. 기내식이 시작된 것이었다.

하지만 나는 잠시 갈등을 했다.

'벌써부터 돈을 쓰면 안 되지. 배고파도 참자.'

무척이나 먹음직스러워 보였지만, 나는 한 푼이라도 돈을 아껴야 했기에 거절했다. 옆에 있던 외대 교수님이 식사 안하냐고 물으셨다.

"괜찮습니다. 배가 안 고파서요."

씩씩한 척을 하며 애써 대답했다. 그리고는 끝끝내 기내 음식을 받지 않았다. 속으로는 당장이라도 먹고 싶었지만, 침만 꼴깍 삼킬 뿐이었다. 배에서는 꼬르륵 소리가 연신 들렸다. 한참 시간이 흐른 뒤 첫 번째 경유지인 일본 동경에 도착했다.

동경의 겨울 날씨도 한국만큼이나 차가웠다. 나는 내복과 양복에 코트까지 겹겹이 껴입고 있었다. 다시 하와이행 비행기에 탑승하고 나니 또 식사가 나왔다. 계속해서 두 끼를 굶었더니 눈에 보이는 게 없었다. 머리는 띵하고 배는 고프다 못해 찌릿하게 아팠다. 이번에도 돈을 아끼기 위해 그냥 굶어야 하나싶어 머리를 굴리고 있던 나에게 옆에 계신 교수님이 한 말씀 하셨다.

"이거 기내식은 비행기 값에 이미 다 포함된 거야. 안 먹으면 손해니까, 든든히 먹어둬."

이게 무슨 청천벽력 같은 소린가?

그 이야기를 듣고 나니 배고픔을 더는 참을 수 없었다. 이전에 포기했던 식사까지 다 먹고 싶은 마음이었다.

'아니, 진즉에 말씀해 주시지. 난 그런 줄도 모르고, 괜시리 쫄쫄 굶고 있었네.'

"아, 그렇군요. 제가 처음 비행기를 타는 거라서요."

어줍잖은 너스레를 떨고는 아무렇지도 않게 안심하고 기내식을 먹게 되었다.

얼마나 기가 막힌 맛이었던가!

처음 맛보는 기내식은 정말 일품이었다. 덕분에 촌놈이 아무 것도 몰라서 괜히 아까운 식사만 놓쳤구나라는 후회가 계속해서 머릿속을 떠나지 않았다. 기내식을 남김없이 비운 뒤에야 그래도 이런 경험을 통해 조금씩 촌티를 벗을 수 있어서 다행이라는 생각이 들었다.

기내식을 먹고 나니 긴장이 좀 풀렸는지 스르륵 잠이 왔다. 한 번도 가본 적 없는 낯선 땅으로 향하는 비행기였지만 모처럼 느끼는 포만감에 나는 평안히 잠을 청할 수 있었다.

얼마나 잤을까?

달콤한 잠에서 깨어나 눈을 뜨니 비행기는 벌써 하와이에 도착해 있었다. 허겁지겁 짐을 챙겨서 사람들을 뒤따라 입국심사대를 빠져 나가는데, 나도 모르게 숨이 훅 하고 막혔다. 주변을 둘러보고 움찔했다. 나만 한겨울이었다.

하와이는 한국이나 일본과는 달리 한창 더운 한여름 날씨였다. 그러니 옷차림이 다를 수 밖에. 대부분의 사람들은 반팔 차림에 슬리퍼를 신고 있었고 간혹 웃옷을 벗고 있는 사람들도 눈에 띄었다. 순간적으로 나는 나를 내려다 봤다. 주렁주렁 오버코트에 내복까지 껴입은 모습이 내가 봐도 너무나 우스꽝스러웠다.

어떻게든 그 순간을 모면하고 싶었다. 우선 옷이라도 갈아입어야겠다는 생각에 주의를 둘러봤다. 마침 레스트룸(REST ROOM)이라고 쓰인 곳이 보였다.

'아! 저기가 휴게실인가 보구나. 저기로 가서 갈아 입으면 되겠네.'

나는 재빨리 휴게실로 뛰어갔다. 그런데 어딘가 좀 이상했다. 칸칸이 문이 달려 있고, 문 밑으로는 발들이 보였다.

'여긴 뭐하는 곳이지?'

휴게실로 착각한 곳은 화장실이었다. 외국어대학교에서 영어를 전공했음에도 그때까지 화장실은 WC로만 알고 있었다. 이렇게 황당할 데가…… 어찌됐든 우선은 옷을 갈아입는 게 먼저였다. 난 빈칸을 찾아가 옷을 갈아입고 밖으로 나왔다. 그제야 좀 살 것 같았다. 하와이 공항의 여기저기가 눈에 들어왔다. 한바탕 소동을 벌이고 난 나는 또 다시 워싱턴으로 가는 비행기에 올랐다.

워싱턴에서 또 한 번 비행기를 갈아타야 했다.

그런데 워싱턴은 눈이 펑펑 내리는 한겨울이었다. 한국 날씨보다도 훨씬 더 추웠다. 하와이 날씨에 맞춰 반팔 차림으로 바꿔 입었던 나는 또 다시 옷을 겹겹이 껴입는 소동을 벌인 뒤 최종 목적지인 플로리다행 비행기에 올랐다. 추운가 싶으면 덥고, 더운가 싶으면 추운 게 꼭 우리네 인생과 닮았다는 생각을 했다. 마냥 여름이지도 않고, 마냥 겨울이지도 않은 게 말이다. 춥게 고생을 하고 나면 따뜻한 여름도 만나게 되고, 무더운 여름에 지칠 때쯤이면 정신 바짝 차릴 수 있게 찬바람 씽씽 부는 겨울을 만나게 되는 것이다.

드디어 도착했다는 안내방송이 나왔다. 무사히 도착할 수 있음에 무조건 감사의 기도를 드렸다. 우여곡절 끝에 도착한 플로리다에서는 내리기 전에 날씨부터 살폈다. 플로리다의 날씨는 한여름의 뙤약볕이었다. 다행히 이번에는 미리 옷을 갈아입고 공항에 내릴 수 있었다.

플로리다 공항에는 후견인 할머니인 애나(Anna Ihrig)의 아들 부부인 로드(Rodney)와 로매인(Romayne)이 나와 있었다. 난 그들과 반갑게 인사를 나눴다. 그 할머니의 아들 내외도 나를 진심으로 반겨 주었다. 그런데 나를 초청하신 할머니는 보이지 않았다.

"할머니는 어디 계세요?"

소식을 물으니, 그 할머니는 얼마 전에 하나님 품으로 가셨다고 했다. 나에게 유학 초청 편지를 보낸 것이 할머니의 마지막 편지였다고 했다. 2년 동안이나 나를 후원해 주시고, 또 이렇게 미국으로 유학 올 수 있게 초청까지 해 주셨는데, 그분을 못 뵌 것이 너무나 아쉬웠다. 그러면서 한편에서는 염려가 되었다.

'그럼 앞으로 누가 날 후원해 주는 거지?'

순간 불안감이 생겨 마음 속으로 기도했다.

'주님, 도와 주십시오.'

하지만 그 불안감은 햇빛을 만난 안개처럼 곧 사라졌다. 할머니의 아들은 비록 할머니가 돌아가셨지만 자기들이 끝까지 나를 후원해 주겠다고 했다. 그게 할머니의 유언이셨다는 말도 전해 주었다. 정말 눈물나게 감사했다.

'얼굴 한 번 안 본 나에게 이렇게까지 잘 해 주시다니.... 이 은혜는 나도 할머니처럼 어려운 사람들을 도움으로 나중에 꼭 갚으리라.'

나는 마음 속으로 할머니로 인해 주님께 감사드리는 기도를 했다.

미국에서의 첫날 밤은 너무나 환상적이었다.

그 날이 크리스마스 이틀 후였는데, 집집마다 크리스마스 분위기가 물씬 풍겼다. 그 집에 도착했을 때 집안 곳곳에 장식해 놓은 트리들과 데코레이션이 아기자기하고 아름다웠다. 지금은 크리스마스가 되도 그때만큼 장식을 안 하지만, 그 당시엔 정말 화려한 장식들로 눈이 부실 정도였다.

첫날부터 너무나 큰 환대를 받은 나는 그분들의 후원 덕분에 무사히 유학생활을 시작할 수 있었고, 그분들은 다시 한 번 내가 졸업할 때까지 학비를 후원해 주겠다고 약속했다. 그리고 한국에 선교사로 돌아왔을 때에도 나에게 지속적으로 도움을 주셨다.

할머니가 약속했다는 이유만으로 아무 상관도 없는 나를 그토록 오랫동안 도와주었던 이들 부부가 오늘의 나를 있게 한 또 다

로드와 로매인 부부

른 은인이다.

그분들과는 지금도 계속 교류하며, 나의 아들딸들도 할머니, 할아버지처럼 생각하고 연락하고 지내고 있다. 거기다 우리 아이들 생일마다 특별한 선물을 챙겨주곤 한다.

비록 한번도 뵙지 못했지만 애나 할머니나 그분의 아들 부부야 말로 사람은 결코 홀로 성공하는 법은 없다는 것을 일깨워준 분들이시다.

그리고 이 일을 통해 나는 주님은 가장 적당할 때 사람을 만나게 하시고, 그 사람들을 통해 일하심을 체험했다.

'나도 저 사람들처럼 누구를 돕는데 쓰임 받는 사람이 돼야지.'

그날 밤에 나는 굳게 다짐했다.

우리는 살면서 언제나 자신만의 기준으로 사람들이나 하나님을 판단한다. 그 결과 쓸데없는 염려를 하거나 풍요로운 삶을 얻지도 못하면서 말이다.

돌이켜 보면 윌리엄 대령과의 인연은 내 생각으로는 오산에서 끝난 것 같았지만, 그건 끝이 아니라 오히려 하나님의 계획의 시작 단계에 불과했다.

끝났다고 했던 나의 생각과 하나님의 생각은 달랐다.

"이는 내 생각이 너희의 생각과 다르며 내 길은 너희의 길과 다름이니라. 여호와의 말씀이니라. 이는 하늘이 땅보다 높음 같이 내 길은 너희의 길보다 높으며 내 생각은 너희의 생각보다 높음이니라."(이사야 55장 8,9절)

하나님은 윌리엄 대령을 통해 후견인 할머니를 만나게 계획하셨고, 그 분이 하나님 품에 가셨을 때도 '나를 후원하겠다'는 약속을 그 자식들이 대를 이어 지키도록 하셨다. 사람인 내가 할 수 있는 생각으로는 절대 있을 수 없는 일임을 알고 깊은 감동을 받았다.

우리 하늘 아버지이신 하나님은 우리가 절벽 앞에 서 있을 때 사다리를 만들어 주시고 계속 걷게 하시는 분이심을 그 때의 일을 생각할 때마다 나는 다시 깨닫게 된다.

 밥존스대학교에서 만난 사람들

나의 유학생활은 밥존스대학교에서 시작되었다.

미국 사우스캐롤라이나 주에 있는 밥존스 대학교는 1927년에 설립된 학교로 근본주의 신학으로 유명한 종합대학교이다.

밥존스에서는 먼저 비즈니스 과목을 들었다. 처음엔 수업을 듣는 것조차 힘들었다. 한국에서 영어를 배웠다고는 하지만 영어가 제대로 들리지 않았다. 법학과 경영학은 성적이 아주 좋지 않았다. 다른 과목에서도 편차가 심했다. 다만 영어보다도 숫자가 더 중요했던 과목인 회계학은 그런대로 성적이 좋았다.

다른 과목보다 성적이 좋은 회계학에 관심을 갖는 것은 어찌보면 당연한 결과였다. 거기다 한국에서 가져간 주판이 한 몫을 했다.

당시 한국에서는 대다수의 학생들이 주판을 배웠는데 미국 학생들은 처음 보는 물건이라 신기해 했다.

학교에서는 종종 연산대회가 열렸는데 나는 그 때마다 주판을 사용했다. 미국 학생들은 애딩머신이라는 지금의 계산기와 비슷한 도구를 사용했다. 주판과 애딩머신의 경쟁이었고, 결과는 늘 주판의 승리였다. 계산은 내가 유일하게 그들을 이길 수 있는 부분이었고, 그 자부심 때문에 회계학에 재미를 붙일 수 있었다. 그 이후로 회계학을 전공하게 되었다. 미국 학생들 틈에서 나를 인정하게 해 준 이유로 최고의 재산목록 중 하나도 주판이 되었다. 학교에서도 주판 때문에 인기가 높아졌다. 회계학은 늘 A를 받았다. 교수님들도 나를 알아 볼 정도였다.

지금도 기억에 남는 교수님 중 한 분은 '라띤 바'라는 경제학 교수님이다.

비즈니스 스쿨의 학장이기도 했던 그 교수님은 인자한 성품으로 많은 학생들의 존경을 받는 분이셨다.

밥존스 대학교에서 첫 강의를 그 교수님에게 들었다.

수업을 마치고 나가려는데, 교수님은 문 앞에서 어떤 학생과 얘기를 나누고 있었다. 어른 앞을 함부로 지나가지 않는 우리의 관습이 있어서 우물쭈물 하면서 말이 끝나기만을 기다리고 있었다.

"학생, 먼저 지나가."

교수님은 아무렇지도 않게 말씀 하셨다.

"We do not pass before old man."

나는 어른 앞을 함부로 지나가지 않는다는 표현을 하려고 서툰 영어실력으로 말했다.

그랬더니 갑자기 큰 소리로 껄껄 웃으시며 말했다.

"넌, 내가 늙었다고 생각하는구나."

"Oh-No, No!"

그 이후로 라띤 바 교수님은 나를 만날 때면 그 농담을 했다. 그때의 일을 계기로 교수님과 나는 더 가까워지게 되었다.

나는 그 교수님에게 회계학 뿐 아니라 삶의 중요한 철학들도 배웠다.

그분은 우리에게 자주 이런 말을 했다.

"너희들이 번 돈이 아무리 적어도 반만 쓰고 반을 저축해라. 오늘 안 하면 내일도 안 한다. 오늘 실천하면 은퇴 후에 걱정 안 해도 된다. 나는 '원 달러 교수'다. 사회에서 생활하면서 내 스스로가 내가 한 말을 지켰고, 이제는 은퇴를 하고 안정된 생활을 하며 학교에 와서 자원봉사로 교수 일을 하고 있다."

그분은 밥존스대학교에서 자원봉사 교수였다. 1년에 1달러만 받고 가르치는 분이었다. 당시 미국 교육법 때문에 한 푼도 받지 않고 가르칠 수는 없기에 1달러만 받고 가르친 것이다.

"은퇴 후를 걱정하지 않고 살려면 지금부터 실천하라."

그분의 말이 나에게 깊은 교훈이 되어 나도 그 말을 지키기 위해서 노력했다. 지금 돌이켜 보면 힘들게 결혼을 해 자녀들 뒷바라지 하며 무사히 키울 수 있었던 일도 그렇고, 지금 햇불신학대학 신학교대학원에서 부총장이라는 직책을 자원봉사로 할 수 있는 것도 그 분의 가르침의 영향을 받아 정말로 실천하고자 했기 때문에 가능한 일이었다고 생각된다.

 ## 아르바이트

가난한 유학생이었던 나는 여름방학이 되면 플로리다의 오렌지 농장에서 일을 도와 드렸다. 그 농장은 나에게 장학금을 지원해 주시는 양부모님이 운영하는 곳인데, 워낙 규모가 커서 늘 일손이 달렸다. 양부모님은 일부러 이곳까지 와 일을 해줘서 고맙다며 기뻐하셨고, 나 역시 여름방학 기간에 그렇게나마 감사의 마음을 표현할 수 있어서 기뻤다.

그러나 시기가 맞지 않았던 방학기간 동안에는 여러 가지 다른 아르바이트를 했는데, 미국 테네시주 네쉬빌시에 있는 South Western회사에 취업해 웹스터 사전을 파는 일을 했던 게 가장 기억에 남는다. 방학만 되면 전국 각지에서 아르바이트를 하러 몰려

온 대학생들이 3,000여 명은 되었다. 회사에서는 처음 만난 사람들에게는 어떻게 다가가야 하는지, 거절하는 사람에게는 어떻게 응대해야 하는지, 살 마음이 없는 사람을 어떻게 마음을 열게 하는지에 대한 일들과 같은 세일즈 기술을 일일이 훈련을 시켰다. 훈련을 받은 대학생들은 각 지역 해당 구역을 배정받았다. 자신이 배정받은 곳에서만 사전을 팔아야 했다.

학생들은 배정받은 지역에 거처할 집을 구하고 집에서 가져온 차나 렌터카를 이용해서 주문을 받으러 다녔다.

내가 묵는 집은 할머니 혼자서 사는 집이었는데 아르바이트 하는 다른 친구 둘과 함께 그 집에 머물렀다. 다른 친구들은 아침을 먹은 뒤에 차를 끌고 책을 팔러 나갔지만 나는 도보로 사람들을 찾아다녔다. 하지만 미국이라는 나라가 우리나라처럼 한 동네라고 걸어서 다닐 수 있는 곳이 아니었다. 처음에 나는 의욕만 앞서서 견본 사전을 짊어지고 걸어서 동네를 찾아 다녔지만 몇 시간을 걸어도 사람은 구경조차 하지 못했다. 나는 간신히 헌 자전거 하나를 구했다. 차를 몰 형편은 안 되었고, 걷는 것보다는 나았다. 오른쪽 페달에 발대는 곳이 없는 헌 자전거였다. 하지만 불평을 할 수도 없는 상황이었다.

여름 내내 집집마다 다니며 주문을 받고는 마지막에 두 주 동안은 배달을 했는데, 나는 자전거 뒤에 사전을 내 키 보다 높게 실고 자동차만 다닐 수 있는 하이웨이를 지나다녔다. 자전거가 다닐 수 없는 길이라 경찰에게 걸릴까 봐 조마조마 했지만 다행히 한 번도 걸리지 않고 지나 다닐 수 있었다. 하지만 상상해 보라. 내 키보다 더 높게 사전을 가득 실은 자전거를 타고 흔들흔들 달리는 내 모습이 얼마나 우스꽝스러웠겠는가?

결국 누군가가 그 모습을 찍어 동네 신문에 제보를 했다.

[바이시클 딜리버리]라는 기사 제목으로 자전거를 타고 사전을 운반하는 우스꽝스러운 내 모습이 이름과 함께 실렸다. 그런데 그 덕분이었는지 그 해에 나는 그 회사에서 가장 사전을 많이 판 우수사원이 되었고 표창장도 받게 되었다. 세상에 모든 일이 나쁘기만 한 사람은 없다는 것을 새삼 깨닫는 사건이었다.

그 다음 해 여름방학 동안에는 다른 학생들과 함께 사전을 팔게 되었는데 학생들을 관리하는 팀장이 되어 학생들이 판 실적에 따라 몇 %를 더 받는 조건으로 일을 하게 되었다.

방학 때마다 책을 팔면서 나는 좋은 인간관계를 맺으려면 어떻게 해야 하는지에 대해 자연스럽게 익힐 수 있었다. 어려운 환경 탓에 어려서부터 주어진 일은 뭐든지 열심히 했던 습관으로 나는 그 회사에 있는 그 어떤 사람보다도 많은 사람들을 만났고 사전을 팔았다. 보잘 것 없는 외판원 일이었지만 그 일을 통해 나는 많은 성장을 할 수 있었다. 성실함을 당할 재간은 없다는 것도 알게 되었다.

사실 한국에서도 안 해 본 게 없던 터라 일대일로 대화를 나누고 물건을 파는 것쯤은 아무 것도 아니라 여겼다. 하지만 맨 처음에는 미국 사람들이 정문으로 다니지 않고 자동차 차고를 열어 놓고 그 쪽으로 다닌다는 사실을 몰랐기에 나는 열려 있는 차고에 들어가 초인종인줄 알고 버튼을 눌러서 그만 차고 문이 갇히게 된 적도 있었다. 그때는 갑자기 눈앞이 캄캄해 지면서 아무 것도 보이지 않았다. 그러다 어둠에 익숙해진 내 눈 앞에 한 여자가 서 있었는데, 나도 놀랐지만 그 여자는 더 크게 놀랐다. 지금 생각해 봐도 미안하기 그지 없다. 그리고는 무슨 대화를 나눴는지는 하나도 기억이 없지만 어찌되었건 그 집을 나올 때 나는 그 여자에게 사전을 팔았다는 것만은 기억하고 있다.

그런 과정을 거쳐 나는 물건파는 일에는 자신이 생겼다. 그리고 세월이 흘러 극동방송에서 일을 하며 기금을 모을 때 예전 사전을 팔던 때와 같은 원리가 적용된다는 것을 알게 되었고, 덕분에 훨씬 능숙하게 그 일을 감당할 수 있었다. 주님 안에서는 세상사 그 어떤 경험도 헛된 것이 없음을, 모두 하나님이 하나님의 일을 준비시키기 위한 훈련임을 시간이 지나면서 알게 되는 것 같다.

그런데 몇 년 전 김상복 목사님과 대화 중에 책 판매 아르바이트 얘기가 나왔는데, 김 목사님도 처음 미국에 유학 갔을 때 그 회사 사전을 팔아 학비와 생활비를 벌었다는 말을 듣고 한참을 재미있게 그 시절의 애환을 나누었다.

빌리 그래함 목사님도 청년 때 책 외판원을 하면서 내성적 성격을 고쳐 대중 복음 전도자로 일하는데 도움이 됐다는 얘기를 들은 적이 있다. 나 역시 그 아르바이트를 하는 동안 많은 사람들을 만나 대화를 하게 되었고, 그때 배운 대화법과 사람에 대한 이해는 정규학교 어디에서도 습득할 수 없는 내용이었다. 이렇듯 하나님의 계획하심은 한 치의 오차도 없고, 완전하며 또 선하시다. 그 당시에는 고됐고 그저 생계를 해결하는 수단이었지만, 세월이 흐른 지금은 참으로 감사하고 귀한 일로 기억되고 있다.

전도서 3장 11절의 "하나님이 모든 것을 지으시되 때를 따라 아름답게 하셨고 또 사람들에게는 영원을 사모하는 마음을 주셨느니라 그러나 하나님이 하시는 일의 시종을 사람으로 측량할 수 없게 하셨도다"라는 말씀처럼 하나님의 계획하심은 사람으로서는 측정할 수 없는 크기이다. 더불어 그 계획하심의 끝에 이루어지는 축복 또한 측량할 수 없이 크다.

하나님은 신실하시다. 그리고 믿는이에게 반드시 큰 복을 주시기를 원하시는 분이시다. 그 사실을 믿고, 지금의 상황이 아닌 그 너머에 일하고 계신 주님께 항상 감사하며 노력한다면 우리를 위해 일하시는 주님, 그리고 우리에게 큰 복 주시기를 원하시는 주님의 선하심을 경험하게 될 것이다. 그 믿음과 소망은 시험을 이기고, 고난을 견디는 힘이요, 능력이 됨을 나는 믿는다.

주일이 되면 지역교회에 열심히 참석하여 예배를 드릴 뿐 아니라 크고 작은 모든 행사에 참여하여 간증도 하고 노방 전도도 하며 열심을 다했다. 교회는 좋은 친구들을 만나는 좋은 기회가 되었다. 하나님을 가까이 함이 참 복임을 더욱 알게 되었고, 인간의 지각에 뛰어난 하나님의 위로를 얻을 수 있었다. 피난처에 거하는 시간, 나의 힘의 근원이 되었다.

시편 73편 28절 말씀이다.

"하나님께 가까이 함이 내게 복이라 내가 주 여호와를 나의 피난처로 삼아 주의 모든 행적을 전파하리이다"

캠퍼스 데이트

밥죤스대학교는 학칙이 엄격하기로 유명하다. 특히나 이성간의 교제를 통제하는 '6인치 룰'이 있다. 이성끼리는 6인치 이상 떨어져 다녀야 한다. 그렇다고 혈기 왕성한 젊은 청춘들이 가능한 일일까?

학생들은 6인치 룰을 '코에서 코만 떨어지면 되는 룰'이라고 말하며 은근한 데이트를 즐기고 있었다.

거기다 복장 단속도 심해서 여자의 치마나 드레스 길이는 무릎 위로 올라 가서는 안 된다. 남자는 머리카락이 귀를 덮으면 벌점을 받았다. 또 남자는 여자 기숙사 방을, 여자는 남자 방을 방문할 수 없었다.

데이트도 지정된 장소에서만 가능했다. 그렇다고 진정한 사랑을 막을 수는 없는 법이다.

나는 평생을 함께 할 인생의 반려자를 바로 이토록 엄한 분위기의 밥존스대학교에서 만나게 되었다.

그 당시 밥존스대학교에는 한국학생은 나를 포함해서 3명 뿐이었다. 남학생이 둘, 여학생이 한 명이었다. 한국 여학생이 있다는 소식을 듣고 도대체 누굴까 항상 궁금했다.

그러던 어느 날 생각지 않게 그녀와 마주쳤다. 교내 우체국에서였다. 첫 눈에 한국 여학생이란 걸 알아봤다. 그녀와 나는 처음같지 않게 자연스럽게 얘기를 나누게 되었다.

미스 박계심

그녀는 자신을 소개하는 도중 자기 아버지가 '3.1절 노래', '산 위에서 부는 바람' 등을 작곡한 분이라고 했다. 그녀는 교육학을 전공하고 있었다. 우리 둘은 그 이후에도 함께 밥도 먹고, 교회에서 예배도 같이 드리며 더욱 친해졌다. 그녀는 새벽 5시에 일어나 교내에 있는 기숙사 방에 신문을 배달하는 아르바이트를 했다.

우리는 데이트를 즐길 시간도 부족했다. 특히 둘다 가난한 유학생이었기에 방학 때도 둘다 아르바이트를 해야 했다.

여름방학이면 그녀는 나와 정 반대의 도시에서 아르바이트를 했기 때문에 방학 땐 오히려 남과 북으로 갈라져 일을 했다.

대학교 예술제가 있던 날, 마침 김장환 목사님이 학교에 방문하셨다. 그 분도 밥존스대학교 재학 때, 캠퍼스 커플이셨다. 목사님께 들뜬 마음으로 그 동안의 은근한 데이트를 말씀드렸다.

"오늘 같은 날, 꽃이라도 선물하지 그래."

역시 6인치 룰을 뚫고 연애를 해 본 선배답게 적절한 조언을 해 주셨다.

말씀을 듣고 보니, 그동안 변변한 선물 한 번 한 적이 없구나 싶었다. 이제는 뭔가 마음을 표현해야 겠다는 생각이 들기도 했다.

'뭘 선물해 주지?'

한참을 고민하다가 문득 오산비행장의 윌리엄 대령이 생각났다.

'아, 맞다. 올킷이 있었지?'

윌리엄 대령과 인연을 맺게 해 준 올킷 꽃이 떠올랐다. 그 길로 곧장 꽃집으로 달려가 보랏빛 올킷 꽃을 사서 곱게 포장해 설렘과 쑥스러움을 뒤로 하고 그녀에게 선물했다.

그렇게 우리의 사랑은 6인치 룰을 넘어 결실을 맺게 되었다. 사랑에는 어떤 장애물도 있을 수 없다는 것을 나 자신이 증명한 셈이었다.

지금은 아내가 된 그녀에게 난 투정을 부리듯 가끔 농담을 한다.

"우리 학교에 한국 남학생은 둘인데 여학생이 당신 혼자니 고르고 말고 할 여지도 없었소."

그랬더니 아내는 노총각 하나 살려 줬더니 그런 소리 한다며 웃고는 한다.

그러던 어느 크리스마스 이브였다.

지금이야 결혼을 하기 전 남자가 아주 멋지게 프로포즈 하는 게 당연한 것처럼 보이지만 40여 년 전에는 미국 아이들이나 하는 걸 봤을 뿐 고지식한 한국 남자가 할 수 있는 이벤트가 아니었다. 하지만 난 그녀를 위해 용기를 냈다. 남자들은 여자 기숙사 로비까지만 들어갈 수 있었다. 나는 로비로 그녀를 불러냈다. 그리고는 준비한 선물 박스 하나를 주면서 말했다.

"풀어 봐요."

"나중에 풀어 볼게요."

"지금 여기서 풀어 봐요."

"이게 뭔데요?"

"그래 알았소. 그럼 나중에 풀어 봐요."

그녀는 기숙사 방으로 돌아가서 그 상자를 열어 보았다. 그 안에는 작은 상자 하나가 들어 있었고, 다시 또 상자를 열면 그 속에 더 작은 상자 하나가 또 들어 있는 식으로 다섯 개의 상자가 들어 있었다. 그리고 가장 마지막 상자 안에는 반짝반짝 빛나는 반지가 들어 있었다. 프로포즈 반지였다. 고지식했던 나로서는 상당히 용기를 내서 했던 프로포즈 이벤트였다. 아내는 40년이 훨씬 지난 지금도 그 반지를 소중하게 끼고 다닌다.

나는 우리의 인연은 하나님께서 맺어주신 거라 확실히 믿는다.

그녀 또한 독실한 크리스천이었다. 그녀는 처음부터 밥존스대학교에 올 생각이 아니었다. 원래는 친척이 살고 있는 LA에서 UCLA(University of California Los Angeles)에 가려고 했다. 그곳에서 출석하던 교회 목사님과 얘기를 나누게 되었다.

"어느 대학을 가려고요?"

"UCLA요."

"UCLA는 여학생이 혼자 공부하기엔 힘든 곳인데 신앙을 중시 여기는 밥존스대학교는 어떨까?"

"네. 알겠습니다."

신앙심이 깊었던 아내는 카노가파크에 있는 카노가파크침례교회의 Russmussen(라스무센) 목사님의 추천과 배려로 밥존스대학교에 오게 된 것이다.

우리는 하나님이 우리를 서로 만나게 하기 위해 밥존스에 보내셨다고 믿었다. 우리의 만남은 하나님이 함께 하심으로 이루어진 거라 확실히 믿는다.

그러나 프로포즈 뒤에 막상 결혼식을 올리려 하니 상황은 막막했다. 둘 다 학생인데다, 가족들은 올 수도 없는 상황이었다. 졸업 후에 결혼식을 한다고 해도 올 사람이 아무도 없을 것 같았다. 미국은 워낙 넓어서 졸업을 하고 나면 함께 공부했던 동기들이 뿔뿔이 흩어지기 때문에 아무리 결혼을 한다 해도 한 자리에 모이기가 쉽지 않았다. 나는 여러 생각 끝에 밥존스대학교 설립자의 손자이며, 당시 총장님인 밥존스 3세 박사님께 편지를 썼다. 졸업식 날 우리가 결혼식을 하게 허락해 달라는 부탁과 주례를 해 주십사하는 청을 올렸다.

나의 정성과 간절함이 통했는지 총장님은 우리의 부탁을 흔쾌히 받아 주셨고, 주례도 기꺼이 서 주겠다는 답장을 보내주셨다.

우리는 너무나 감사했다.

수많은 학우와 교수님들이 지켜보는 가운데 결혼식을 할 수 있다는 사실에 감격스럽기까지 했다.

머나먼 미국 땅에서 무사히 대학을 마치고 졸업하는 것만으로도 영광인데 그 자리에서 결혼식까지 올리게 된 것이다. 하나님의 은혜가 아니고선 상상할 수 없는 일이다.

나의 앞길을 가로막았던 과거의 악몽들이 한순간에 스르륵 사라지는 것 같았다. 고향을 떠나 서울로 가다가 잡혀갔던 양아치 소굴에서의 끔찍했던 순간들, 철도원이 되고 싶어 입학원서를 냈으나 나이가 많아 거절당했던 그 때, 오산비행장에 노무원으로 들어가고 싶었지만 그러지 못했던 기억들이 이제는 아련한 추억 속 한 장면으로 아스라이 지나갔다. 나는 지금도 밥존스 총장님이 손수 쓰신 그 편지를 간직하고 있다.

John Song-34922

February 11, 1970

Dear John:

*I'll do my best to be on hand for the wedding
rehearsal at 4 P. M.on May 26. It is difficult to
know this far in advance what to anticipate during
a busy Commencement week, but I think that
time will be as good as any from my standpoint.
I'll do my best to be present. I certainly look
forward to tying the knot for you. May the Lord
bless you.*

BJIII:vep

 졸업 그리고 결혼!

드디어 기다리고 기다리던 날이 왔다.

1970년 5월 27일! 내 인생의 새로운 전환점을 맞이한 역사적인 날이었다. 날씨가 정말 좋았고 튤립이 한창이었다. 밥존스대학교의 졸업식이자 평생 나와 함께 할 반려자를 맞이하는 결혼식이 있는 날이었다. 아름다운 5월의 신부가 될 아내를 생각하니 가슴이 뛰었다.

그날 오전 10시에 졸업식을 마치고, 오후3시 30분에 결혼식을 했다. 가난했던 유학생이었던 나는 결혼식 예복도 빌려 입었다.

사실 졸업식 하나만 하더라도 힘들기 마련인데 졸업식과 결혼식을 한꺼번에 하려다 보니 너무나 준비할 것도 많고, 신경 쓸 일도 많았다. 너무 신경을 쓴 탓에 갈수록 체중이 줄었다. 결혼할 무렵에 얼마나 말랐는지 내 목사이즈에 맞는 와이셔츠를 도저히 구할 수가 없었다. 할 수 없이 셔츠 목을 줄이기 위해 뒷목 깃을 핀으로 집고 옷을 조절한 후에 사진 촬영을 했다.

나와는 달리 아내는 그 어느 때보다도 아름다웠다. 김장환 목사님의 처남 댁이 직접 웨딩드레스를 만들어 주었다. 어림짐작으로 치수도 재지 않고 만들어준 웨딩드레스였는데 신기하게도 몸에 딱 맞았다. 하얀 웨딩드레스가 그렇게 잘 어울리는 사람이 또 있을까 싶을 정도로 잘 어울렸다.

지난 4년간 공부했던 밥존스대학교 교정 채플에서 경건하게 치뤄진 결혼식. 형편상 가족, 친지 분들을 초청 할 수 없어 아쉬웠지만, 그 자리를 학우들과 교수님들이 채워 주셨으니 이 또한 하나님의 은혜라는 생각이 들었다. 머나먼 타국에서 둘만의 단촐한 결혼식을 치를 뻔 했던 우리에게 튤립이 만발한 교정을 식장으로 허락하시고, 졸업생들의 우레와 같은 박수 속에서 풍성한 결혼식을 올리게 해 주신 하나님. 우리의 결혼 생활은 그렇게 순전히 하나님의 도우심으로 시작되었다.

결혼식

    신혼 여행 후 다시 밥존스대학원으로 돌아와 공부를 계속하였다. 우리의 신혼 생활은 그리 넉넉치 않았다. 그러나 우리는 서로의 미래를 믿으며 행복한 신혼을 보냈다.

    그리고 미국 친구와 함께 회계 관리를 해주는 'Equitable Economic Service'라는 회사를 차렸다. 일은 주로 공인회계법인에서 받아서 했다.

    시간이 갈수록 일감이 늘어나면서 수입도 좋아졌고, 아내도 초등학교 교사로 활동하면서 생활도 차츰 안정되어 갔다.

    그리고 대학 시절에 가입했던 "설교자 보이스클럽" 활동도 계속 했다. 이 클럽은 장래 설교하고 싶은

결혼식 마치고 신혼여행 가는 길

학생들 수 백 명이 가입해 활동하는, 학교에서 인정하는 모임인데 주말에 전도도 하고 교회를 방문해 봉사도 했다.

그러던 어느 날, 학교에서 차로 2시간 가는 거리에 있는 애쉬빌 자유감리교회에서 설교자를 구한다는 학교 신문 광고를 보았다. 너무 멀어 지원자가 없다는 소식을 듣고 나는 신학교도 졸업하지 않은 학생 신분 임에도 불구하고 신청을 했다.

그 교회는 독립된 교회 건물도 있고, 교인들도 나이가 많은 분들이 모이는 미국인 교회였다. 그 곳의 초청으로 매주 토요일마다 그곳에 가서 자고 이튿날 주일예배 때에는 서툴렀지만 영어로 설교를 했다. 처음 하는 영어 설교라 부족한 점이 많았는데도 교인들의 호응이 좋았었다.

내가 토요일에 가서 묵었던 집 주인은 애드워드 렌달(Edward Randall) 집사였다. 그는 자동차를 판매하는 회사의 사장이었다. 집이 언덕에 있었고 넓은 잔디밭이 있었다. 그 집엔 길들인 말 두 마리가 있었는데, 어느 날 날 보고 말 한번 타보겠냐 하시길래 자신 있게 타보겠다고 했다. 차고에 말안장이 있으니 갖다가 타보라 하시길래 가지러 갔는데 생각보다 안장이 무거웠다. 까치발을 하고 겨우 안장을 말 위에 올려놓는 내 모습에 애드워드 집사가 껄껄 웃으면서 말했다.

"헤이, 잔(John)! 말 안장을 거꾸로 놓으면 어떻게 합니까?"

그래도 나는 용감하게 말했다.

"내가 어느 방향으로 갈지 당신이 어떻게 압니까? 하하하"

이런 일이 있은 후 오히려 그와 친분이 더 두터워졌다.

 하나님의 부르심

결혼 후 바쁜 생활 중에도 꾸준히 성경공부를 하고, 매일 아내와 함께 경건의 시간(QT)을 가지며 성경을 읽었다.

회계 업무도 소문이 좋게 나서 관리 회사도 점점 많아졌다. 한 회사의 일을 할 때 마다 통장 잔고도 쌓여가고 있었다. 생활도 차츰 안정되었다.

라삔 바 교수님의 말씀도 종종 생각났다.

"너희들이 번 돈이 아무리 적어도 반만 쓰고 반을 저축해라. 오늘 안 하면 내일도 안 한다. 오늘 실천하면 은퇴 후에 걱정 안 해도 된다."

그렇게라면 은퇴 후에도 걱정하지 않고 넉넉할 것 같았다. 생활은 안정되고 별다른 문제는 없었다. 하지만 뭔가 알 수 없는 허전함이 나의 마음 속을 헤집고 다녔다.

그러던 어느 날이었다.

그 날도 QT를 하며 성경을 읽고 있었다.

열왕기하 7장 3절~10절 말씀으로 4명의 나병환자 이야기이다.

"성문 어귀에 나병환자 네 사람이 있더니 그 친구에게 서로 말하되 우리가 어찌하여 여기 앉아서 죽기를 기다리랴. 만일 우리가 성읍으로 가자고 말한다면 성읍에는 굶주림이 있으니 우리가 거기서 죽을 것이요, 만일 우리가 여기서 머무르면 역시 우리가 죽을 것이라. 그런즉 우리가 가서 아람 군대에게 항복하자. 그들이 우리를 살려 두면 살 것이요, 우리를 죽이면 죽을 것이라 하고 아람 진으로 가려 하여 해 질 무렵에 일어나 아람 진영 끝에 이르러서 본즉 그 곳에 한 사람도 없으니 이는 주께서 아람 군대로 병거 소리와 말소리와 큰 군대의 소리를 듣게 하셨으므로 아람 사람이 서로 말하기를 이스라엘 왕이 우리를 치려하여 헷 사람의 왕들과 애굽 왕들에게 값을 주고 그들을 우리에게 오게 하였다 하고 해질 무렵에 일어나서 도망하되 그 장막과 말과 나귀를 버리고 진영을 그대로 두고 목숨을 위하여 도망하였음이라.

그 나병환자들이 진영 끝에 이르자 한 장막에 들어가서 먹고 마시고 거기서 은과 금과 의복을 가지고 가서 감추고 다시 와서 다른 장막에 들어가 거기서도 가지고 가서 감추니라. 나병환자들이 그 친구에게 서로 말하되 우리가 이렇게 해서는 아니 되겠도다. 오늘은 아름다운 소식이 있는 날이거늘 우리가 침묵하고 있도다. 만일 밝은 아침까지 기다리면 벌이 우리에게 미칠지니 이제 떠나 왕궁에 가서 알리자 하고 가서 성읍 문지기를 불러 그들에게 말하여 이르되 우리가 아람 진에 이르러서 보니 거기에 한 사람도 없고 사람의 소리도 없고 오직 말과 나귀만 매여 있고 장막들이 그대로 있더이다 하는지라."

내용인즉, 4명의 나병환자가 성문 앞에서 굶어 죽게 되자 모여 의논을 하는데, 성 안에는 기근으로 사람들이 굶어 죽고 있었고,

성 밖에는 아람군대가 진을 치고 있어, 어디로 가야 할지, 어떻게 해야 할지 고민하는 내용이었다. 어디로 가나 죽게 됐기 때문이다.

결국 그들은 그래도 아람군대 쪽으로 가게 되는데, 그때 엄청난 군대가 아람군대를 향해 쳐들어오는 환청을 하나님께서 역사하심으로 아람군대가 듣게 하셨다. 아람군대는 그에 놀라 허겁지겁 도망을 가게 되었다. 급히 도망 간 아람군대의 캠프에는 먹을 것과 재물들이 넘쳐났다.

배고픈 나병환자들은 그 캠프에 들어가 일단 배불리 먹고, 다른 캠프에 가서 금, 은과 의복을 가지고 가서 감추고 챙기며 자신들의 욕망을 채웠다. 그렇게 나병환자들은 배를 채우고, 재물을 챙겼다. 이제더는 부러울 게 없었다.

그러다가 그들은 문득 지나온 날을 돌아보게 되는데, 성 밖에서 굶어 죽기 전과 지금의 탐욕스런 모습이 비교되면서 반성을 하게 되었다.

그들은 이렇게 말했다.

"…우리가 이렇게 해서는 아니 되겠도다. 오늘은 아름다운 소식이 있는 날이거늘 우리가 침묵하고 있도다. 만일 밝은 아침까지 기다리면 벌이 우리에게 미칠지니 이제 떠나 왕궁에 가서 알리자 하고…"(9절)

그리고 그들은 성 안에 들어가 아람군대 진영의 상황을 말하며 기쁜 소식을 전했다.

그 구절을 읽는데 평소와는 다른 느낌이었다.

9절을 읽으면서 그간 나를 허전하게 했던 이유를 찾은 듯 정신이 번쩍 들었다. 그리고 그 나병환자들이 마치 나인 것처럼 생각되었다.

"…한 장막에 들어가서 먹고 마시고 거기서 은과 금과 의복을 가지고 가서 감추고 다시와서 다른 장막에 들어가 거기서도 가지고 가서 감추니라."(8절)

"가지고 가서 감추고 다시와서… 거기서도 가지고 가서 감추고…"

내가 지금 하고 있는 일이 그와 같이 생각되었다.

"내가 어떻게 미국에 왔는가?"

순전히 하나님의 은혜였다. 형편상 제때 중학교 진학도 못 했던 내가 당시로서는 부잣집 자식들도 가기 어렵다는 미국 유학까지 마쳤다는 것 자체가 기적이었다.

그 뿐인가? 분단이 되기 전 고향인 함경도를 떠나 공주에 터전을 잡게 된 것 역시 큰 다행이요, 양아치 굴에 끌려가 영영 양아치가 될 뻔 한 내게 해를 보여주시고, 희망을 갖게 하신 것 역시 하나님의 특별한 은혜였다. 수원역전에서 구두닦이 생활을 하며 미군 쓰레기통을 뒤지고, 어쩌다 건저 올린 비곗덩어리 하나에 만족하던 내게 비전을 주시고 배움의 길로 이끌어 주신 건 하나님의 세밀한 계획하심이었다.

하나님의 은혜가 없었다면 나의 삶은 어땠을까 생각해 보았다.

만약 우리 가족 모두 북한에 남았더라면 미국 유학은 꿈도 못 꿀

일이었고, 오늘도 끼니 걱정하며 복음조차 모른 채로 몸도 영도 굶
주려 살아가고 있었을 것이다. 그게 아니었다면 양아치 굴에서 영
영 헤어나지 못했거나, 수원 역전을 배회하다 구두닦이로 또는 넝
마주이로 인생을 마쳤을지도 모른다. 그런데 하나님께서는 그 모든
상황에서 건져 주시고, 나를 미국으로 보내 주셨다.

지금까지의 시간을 돌이키는 동안 하나의 깨달음이 찾아왔다.

'하나님이 나에게 그런 위험과 궁핍을 겪게 하신 것에는 이유가
있을 것이고, 미국 유학이라는 큰 복을 주신데도 이유가 있을 것
이다. 그리고 지금이 그 이유를 찾을 때이다.'

그렇다. 이제 나는 공부도 마쳤고, 결혼도 했다. 취직해 돈도 벌
고, 안정된 생활을 하고 있다. 하지만 마음 한 구석에는 늘 하나님
께서 나에게 베푸신 은혜에 전적으로 보답하는 시간을 갖는 것이
마땅하다는 생각이 있었다. 그러나 여태 아무 것도 갚지 않은 채
여전히 누리고만 있었다.

'그래! 지금 나의 모습은 성 밖에 있다가 아람군대 진영에 들어
가 풍요로움을 누리는 나병환자들과 다르지 않다.'

네 명의 나병환자 이야기에서 지금의 내 모습을 발견한 나는 열
왕기하 7장 9절 말씀에 집중했다.

"나병환자들이 그 친구에게 서로 말하되 우리가 이렇게 해서는 아니 되겠
도다. 오늘은 아름다운 소식이 있는 날이거늘 우리가 침묵하고 있도다..."

'우리가 이렇게 해서는 아니 되겠도다.'

이 말씀은 점차 내 마음을 새롭게 만들었다.

'내가 이렇게 해서는 아니 되겠도다.'

'내가 이렇게 해서는 아니 되겠도다… 나병환자들은 성에 들어가 굶주리는 사람들에게 진영의 기쁜 소식을 알리지 않았는가? 하지만 나는 지금 뭘 하고 있는 건가… 나는 내 배만 채우고 있지 않는가? 나도 영적으로든, 육적으로든 굶주리고 있는 사람들에게, 성에 들어가 진영소식을 알린 나병 환자들처럼 북한에 들어가서 복음을 전해야 하지 않겠는가…'

하나님이 나를 미국에 보내신 건 내가 이렇게 여유롭게 살게 하기만 위해서가 아니라는 깨달음이 왔다. 복음을 전할 준비를 하게 하기 위해 보내셨다는 확신이 왔다.

성 안에 있는 사람들을 생각하니 갑자기 북한이 떠올랐다.

마음에 알 수 없는 복받침이 치밀어 올랐다.

'그래 이 말씀은 하나님께서 나를 부르시는 음성이다. 바로 지금 내가 어떻게 행해야 할지를 말씀해 주신 것이다. 그러니 지금 주신 이 말씀대로 따라야 한다' 는 생각이 들었다.

북한에서 피난 와서 하나님도 믿게 되고, 지금 이렇게 잘 살고 있는데 북한은 아직도 하나님을 모르고, 기근에 시달리며 고통스런 나날들을 보내고 있지 않은가?

내가 정작 할 일은 그들에게 복음을 전파하는 것이라는 깨달음이 왔다.

그 자리에서 주님께 고백했다.

"주님, 제가 북한 복음화를 위해 새롭게 살겠습니다."

그때 하나님께서는 나를 사역자로 부르셨다고 믿고 있다.

그날 이후 나의 삶에 변화가 찾아왔다.

그동안 복음을 전하는 일을 소극적으로 했다면, 이제는 복음과 선교가 오히려 주가 되는 인생으로 바뀐 것이다.

그런 마음으로 기도하다가 신학교를 가야겠다고 결심했다.

그 날 나는 아내에게 용기를 내어 그 동안 내가 살아온 여정을 처음으로 자세히 털어 놓았다.

그때까지는 아내에게 나의 어린 시절이 부끄러워 세세히 말하지 않았었다. 잘 난 얘기만 했었다.

아내의 어떤 반응도 달게 받을 준비를 하고, 수원역전에서 구두 닦던 시절과 힘들게 생활했던 얘기들을 아내에게 솔직하게 털어 놓았다.

그리고 QT때 깨달은 말씀을 나누면서 북한 선교를 위해 준비해야겠다고 말했다.

조용히 내 말을 듣고 있던 아내가 말했다.

"저도 어려서 자세히는 모르지만 당신과 같이 6.25를 겪은 사람이에요. 그 마음을 왜 모르겠어요? 가난해서 고생을 한 게 당신 탓도 아니고 당신 아버지 탓도 아니에요. 전쟁이 문제였지요. 전 당신이 하는 일이라면 무조건 믿고 따를게요."

"여보, 당신이 힘들겠지만 신학을 공부해야겠소. 하나님의 부르심을 받았소."

아내는 신학교에 가야겠다는 내 말에 오히려 감사하다고 했다. 그리고 앞으로의 진로는 무조건 내 뜻에 따르겠다고 했다. 아내의 말에 힘을 얻은 나는 그 길로 회사를 정리하고 신학교에 갈 준비를 하기로 했다. 한시도 늦추고 싶지 않았다.

내 인생의 새로운 전환점이 된 순간이었다.

그런데 막상 신학교를 가려 하니 아는 데가 없었다. 어느 신학교로 가야 할 지 몰라 기도하게 되었다.

그 때 또 마음에 울리는 말씀이 있었다.

"너는 마음을 다하여 여호와 하나님을 신뢰하고 네 명철을 의지하지 말라. 너는 범사에 그를 인정하라. 그리하면 네 길을 지도하시리라."

내 인생의 중요한 결정을 해야 할 순간마다 내 안에 머물던 잠언 3장 5절과 6절 말씀이었다.

 그랜드 래피츠로 가다

그러던 어느 날, 밥존스대학교 부흥회에 참석했다.

그날 설교자는 유명한 존 알 라이스(John R. Rice) 박사님으로 미국 크리스천 신문인 "Sword of the Lord"의 발행인이면서 '그랜드래피츠침례신학교' 이사장이기도 했다.

박사님은 설교를 하고 난 뒤에 신학교 소개를 해주셨다.

박사님의 소개를 듣고 있는데 그 학교에 대해 큰 관심이 생겼다. 나는 일단 해야겠다고 생각하는 일은 무조건 해보는 편이다. 이미 기도도 하고 있고 해서 그 학교를 알아보기 위해 라이스 박사님에게 '학교를 한 번 방문해 보고 싶다'는 편지를 보냈다. 언제든 환영한다는 긍정적인 답이 왔다.

그런데 학교 방문차 공항에 도착했을 때, 그 신학교의 부총장이셨던 훼이버(Faber)박사님이 마중 나와 계셨다. 난 무척이나 놀랐다. 부총장님이 직접 공항까지 나를 마중 나왔다는 사실이 너무나 감사했다.

학교를 둘러 본 나는 이곳이 하나님께서 내가 다니길 원하시는 학교라는 확신을 얻게 됐다. 입학사정에도 무리없이 통과가 되었다.

이 모든 것이 나의 의도가 아니라 하나님의 의도임을 한시도 잊은 적이 없었다. 그렇지 않다면 어찌 그렇게 수월하게 원하는 것을 얻을 수 있었겠는가? 더 큰일을 하게 하시려는 그분의 큰 뜻을 잊지 않기 위해 마음 속으로 다짐을 했다.

'나 혼자 힘으로 하는 게 아니다. 그분이 늘 나와 함께 하신다. 그러니 자신 있게 하면 된다. 내 뜻이 아니라 그분의 뜻임을 잊지 말자.'

그 때, 우리 부부는 첫 아이 쟌(John)을 키우고 있었다. 쟌은 내가 대학원을 다니던 시절 밥존스대학교 병원에서 태어났다.

처음엔 임신한 줄도 모르고, 아내가 속이 안 좋다고 해서 계속 소화제만 사다 주었다. 졸업하자마자 결혼을 한데다가 집안 어른들이 곁에서 챙겨줄 틈도 없었기 때문에 우리는 둘 다 임신이나 출산에 대해서는 문외한이었다. 그럼에도 다행이 쟌은 건강하게 태어났다. 쟌을 키우며 가끔씩 '쟈니는 소화제를 많이 먹어서 소화는 잘 될 거야' 라고 농담처럼 말하곤 했다.

그리고 그랜드 래피츠에서 신학 공부를 하면서 둘째 수잔도 낳게 되었다. 이 시절 경제적인 면에서는 그리 넉넉하거나 풍족하진 않았지만, 마음 만큼은 그 어느 때보다 풍요로웠다.

무엇보다 나의 앞길을 인도하시는 하나님이 계시니 두려울 게 없었다.

그랜드래피츠신학교에서의 생활은 신학에 대한 폭 넓은 배움과 풍성한 만남의 축복을 경험하는 시간이었다. 덕분에 나는 훌륭한 분들 속에 둘러싸여 지내며 하루빨리 그 분들과 같은 학식과 겸손을 갖게 되길 기도했었다.

교육학을 가르쳐 주신 체드윅(Chadswick) 교수님은 신학대학원에서도 나이가 많은 편이었던 나를 언제나 친구처럼 대해 주시며 격의 없는 대화를 열어주셨다. 덕분에 그 분과 다양한 주제로 많은 학문적 소통을 할 수 있었다.

설교학을 가르치셨던 훼이버(Faber) 박사님은 섬기는 삶이 무엇인지를 몸소 보여주시는 분이었다. 내가 학교를 처음 방문했을 때 부총장이심에도 불구하고 손수 운전해 공항까지 마중 나와 주셔서 너무 놀랐던 기억이 지금도 난다.

나에게 히브리어를 가르쳐주신 리안우드(Lean Wood) 교수님은 교수님인 동시에 학장직을 함께 병행하셨다. 바쁜 와중에도 언제나 최상의 교재를 선별하여 완벽한 강의를 해주셨다. 질문 많은 동양인 학생을 늘 웃음으로 맞이해 주셨던 이분들 덕분에 원없이 신학 공부를 할 수 있었다.

이렇듯 모두 감사한 분들이지만 신학을 가르치셨던 존 벨류어(John Balyo) 박사님은 특히 기억에 남는 분이다. 박사님의 아들 데이빗이 나와 동기였고, 나의 아버님 연배의 교수님이셨는데 내가 힘들어 할 때마다 격려의 말씀과 함께 기도해 주셨다.

존 벨류어 교수님은 이후에 웨스턴침례대학교와 신학교의 총장이 되셨는데, 그를 한국에 와서 다시 만날 수 있었다. 한국 선교활동을 하기 위해 방한을 한 존 벨류어 박사님을 위해 내가 통역도 하고 극동방송에서 설교도 할 수 있게 주선도 했다. 조금이나마 은혜를 갚을 수 있어서 얼마나 행복했는지 모른다. 세상은 일방적으로 주기만 하고 일방적으로 받기만 하는 관계는 없다. 받은 게 있으면 언젠가 주게 되고 주는 게 있으면 언젠가 받게 되어 있다. 다만 시간차가 존재한다는 진리만 잊지 않는다면 사람 관계에 있어서 조금이나마 수월해질 수 있을 것이다.

벨류어 총장님은 1996년도 학교 졸업식 설교를 위해 나를 초대해 주셨다. 그리고 감사하게도 그 자리에서 나에게 명예신학박사 학위를 수여해 주셨다. 280여 명의 졸업생이 지켜보는 가운데 명예박사 학위를 주면서 기념반지를 주셨다. 그 기념반지는 나를 위해 특별히 제작한 반지로 나의 영문이름 이니셜이 새겨 있는 반지였다. 나는 지금도 항상 그 반지를 끼고 다닌다. 이 반지를 볼 때마다 그때를 생각하며 회상에 잠기곤 한다.

그랜드래피츠신학교에는 채플이 매일 있었다.

월요일 채플은 지난 주일에 학생들이 어떤 사역을 했는지를 간증이나 보고하는 시간이었다. 간증은 다양했다. 주일 설교를 했다거나 주일학교에서 학생들을 가르쳤다거나 거리(노방) 전도나 찬양을 했다거나 하는 실천 사항들을 한 가지씩 이야기를 했다.

하지만 나는 딱히 할 말이 없었다. 당시 영어도 부족하고, 특정한 사역의 기회가 없었기 때문이다. 매번 침묵하는 상황이 계속되자, 어느 날 리안우드 학장님이 나를 학장실로 불러 물으셨다.

"자넨 왜 채플시간에 간증이나 보고를 한 번도 하지 않는가? 그러면 졸업을 못하네."

"저는 아직 신학교 1학년이라 뭘 해야 할지 잘 모르겠습니다. 그래서 딱히 간증드릴 내용도 없어서 하지 못했습니다."

"그래도 뭐든지 자네가 할 수 있는 걸 찾아서 해야지?"

"그럼 제가 무엇을 할 수 있겠는지 알려 주십시오."

그러자 학장님은 전도지를 사서 거리에 나가 사람들에게 돌리는 일이라도 하라고 말씀하셨다.

생각해 보니 그건 할 수 있겠다 싶었다. 왜냐하면 말을 안 해도 되는 일이니까.

난 아무 생각 없이 "The Simple Plan of Salvation"이란 전도지 100장을 구입해서 사람들에게 나눠 주기 시작했다. 그런데 그것도 쉽지 않았다. 어떻게 줘야 하는지도 몰랐고 모르는 사람들에게 전해 줘야 한다는 게 너무나 부담스럽고 어색했다. 낯선 환경에 어떻게 해야 될지를 몰랐다.

여러 생각을 하다가 일단 집 근처 매디슨 공원으로 갔다.

매디슨 공원에는 아이들만 있었다. 나는 아이들한테 전도지를 나눠 주기 시작했다. 어떤 아이는 받지도 않고 그냥 쳐다만 보고, 어떤 애들은 받자마자 휙 땅에 버리고 가곤 했다.

'아, 하나님의 말씀을 전하는 게 이렇게 어려운 거구나.'

하나님을 알리는 게 얼마나 어려운 일인지를 몸으로 느끼면서 그래도 공원에 있는 아이들한테는 다 나눠 주었다. 그리고도 40여 장이 남아 있었다. 그 사실을 채플 시간에 보고했더니, 그렇게라도 계속 하라고 말씀하셨다.

다음 주도 만만한 아이들에게만 전도지를 나눠 주었다. 어떤 아이들은 어제도 주지 않았냐며 손 사레를 치며 받지 않았다.

'이걸 어디다 뿌려야 하지?'

막막한 마음으로 전도지를 물끄러미 내려다보았다. 그런 내 모습을 한 어른이 지켜보고 있었다. 그러다 나에게 다가와 물었다.

"지금 뭘 하고 있소?"

"아.. 네... 저는 신학교 다니는데 교과목 중의 하나로 전도하고 있는 중입니다."

"아, 그래요? 그럼 나하고 교도소에 같이 갑시다."

"네~에?"

나는 깜짝 놀랐다.

'국립공원에서 전도지 돌리는 것이 불법인가 보다. 교도소에 가게 되는구나.'

공립학교에서는 기도를 못하게 한다는 소식을 들었기에 '공원에서 전도하면 잡혀 가는구나' 싶었다. 내심 불안했다.

그런데 알고 봤더니 교도소에 가서 전도지를 주라는 말이었다. 전도지를 돌리는 게 교도소에 갈 정도로 범법 행위라고 착각할 만큼 나는 너무 몰랐었다. 사실을 알게 되고는 혼자서 웃음지었던 기억이 난다.

그 사람은 재소자들을 상대로 선교활동을 하고 있는 사람이었다. 그 사람을 따라 교도소에 가서 재소자들을 상대로 전도지를 돌렸다.

전도지를 다 돌리고 가려는데 그가 말했다.

"난 매주 여기로 선교활동을 나오는데 다음 주부터 함께 오지 않겠소?"

반가웠다. 매번 어디로 가야 하나를 고민하지 않아도 되었기에 그것만으로도 다행이라 여겼다. 어찌되었건 간에 매 주 갈 곳이 생긴 것이다.

난 그러겠다고 약속했고, 그 다음 주 화요일에 그 사람을 만나 함께 교도소를 찾아갔다. 그 사람은 매주 화요일마다 교도소에서 전도를 하는 사람이었는데 나도 통행증을 발급받아 교도소에 들어가 재소자들을 대상으로 전도지를 돌렸다.

처음엔 겁도 나고 왠지 꺼려졌는데, 조금 지나고 나니 전도지를 돌리는 일이 점차 자연스러워졌다. 그렇게 매주 화요일이면 교도소에 가서 전도지를 돌렸다. 교도소 안에는 교도소에 있는 사람들을 선교하는 단체 「잊혀진 사람들을 위한 선교회(The Forgotten Men's Mission」가 있었다.

'빌모스트'라는 사람이 만든 선교단체로 재소자들을 상대로 신앙상담과 전도를 하고 있었다.

'빌모스트'는 원래 고속도로 경찰 출신이었다. 그는 뚱뚱한 몸집에 위엄 있는 모습을 하고 있었다. 그와는 몇 번 시선이 마주치곤 했었다.

그러던 어느 날, 그가 내게 다가오더니 물었다.

"혹시, 우리 교도소에서 채플린 역할을 해 줄 수 있소?"

재소자들을 위해 예배를 인도하고, 말씀을 가르치는 역할을 맡아달라는 얘기였다.

그 동안 교도소 내에 채플린이 있었는데, 그가 플로리다로 가서 공석이 되었다고 했다.

"제가 그 역할을 할 수 있을까요? 전 아직 목사도 아니고, 신학생일 뿐인데요."

"당신이 매주 여기 와서 전도하는 모습을 계속해서 지켜봤소. 그리고 여기에 전도하러 오는 사람들은 다 평신도인데 그래도 당신은 신학교에 다니고 있으니 분명 할 수 있을 거라고 믿소."

무뚝뚝했지만 확신 있는 말투였다. 그가 나를 진심으로 신뢰하고 있음이 느껴졌다.

"해보겠습니다."

나로서는 무모한 도전이었다. 하지만 이 상황까지 줄곧 함께하신 하나님께서 모든 걸 해결해 주실 거라는 믿음이 들었다. 모든 일이 내 의도보다는 하나님의 역사하심에 따라 이루어진다는 것을 그간 여러 번 체험했기에 더욱 확신을 가질 수 있었다.

그렇게 해서 나는 캔트 카운티 교도소의 채플린이 되었다.

채플린이 되자 그는 나에게 매월 75불을 주었다. 당시 그 돈이면 한 달을 먹고 살 수 있었다.

캔트 카운티 교도소의 채플린 활동은 나의 생활에 경제적으로나 영적으로 큰 도움이 되었고, 그 교도소의 전도 경력은 내가 이력서를 작성할 때마다 자랑스럽게 기록하는 부분이기도 하다.

어떤 이는 그걸 보고 "아니, 무슨 잘못을 했기에 교도소에 다녀오셨습니까?"라고 묻기도 했다. 그런 물음에도 환하게 미소 지을 수 있는 여유가 생겼다.

교도소에서는 상담할 때 기록하는 용지가 있었다. 질문을 통해 심리를 파악하는 것이었다.

여기 왜 왔는지, 나가면 어떻게 할 것인지를 묻는 내용이었다. 교도소에 오게 된 이유를 묻는 질문엔 '마약' 때문에 왔다는 사람들이 대부분이었다.

"나가면 뭐 할 겁니까?"라고 물으면 "다음에는 더 지능적으로 해서 다신 안 걸리겠다"고 하는 사람도 있었고, 상담시간 내내 엄청난 분노를 쏟아내는 사람도 있었다. 하지만 그중에는 진정으로 뉘우치는 사람도 있었다. 나는 채플린으로서 그러한 상담내용을 정리하고 기록하는 한편 그들을 위해 기도했다.

재소자를 상대로 상담할 때는 내 연락처를 알려주지 말라고 주의를 받았는데, 처음에 나는 왜 그런지를 잘 모르고, 출소하고 나서 나를 찾고 싶으면 언제든지 오라며, 내 연락처를 알려 주곤 했었다. 출소 후 실제로 나를 찾아오는 사람들이 있었다. 그리고 나를 힘들게 하는 사람도 있었다. 나중에서야 그것이 굉장히 위험할 수도 있다는 사실을 알게 되었다.

캔트 카운티 교도소에서의 채플린 활동이 소문이 나자 다른 지역 교도소인 Shariff's Homor Camp에서도 요청이 왔다. 거긴 모범교도소로 농장도 있고, 닭도 키우는 곳으로 교도소에 있는 사람들은 그곳으로 가고 싶어 했다.

교도소에서는 1주일에 한번 설교를 하게 됐고, 경찰들에게도 설교를 하게 됐다.

나는 그렇게 신학교를 다니면서도 여러 군데 설교를 다니게 되었다.

디트로이트 옆에는 프랭클린 빌리지가 있다.

그 곳에 미시건주에서 두 번째로 오래된 교회가 있었다.

어느 날 그 교회에서 내가 다니는 신학교 게시판에다 "설교자를 구합니다"는 광고를 붙였다. 그 광고는 꽤나 오래도록 그 자리에 붙어 있었다. 아마도 지원자가 없었나 보다. 나는 그 곳에 가고 싶었다.

난 교도소에 다닐 때라서 학교에 문의를 했다.

"혹시 내가 가도 되겠습니까?"

"갈 수 있으면 좋지!"

신학교에서는 당연히 교도소보다는 교회가 좋다며 적극적으로 추천해 주었다.

프랭클린 빌리지는 유대인들이 사는 부자동네로 사과사이다를 만드는 공장이 있어서 관광객이 많이 몰리는 곳으로 유명했다. 교회는 돌로 지어진 자그마 하고 멋진 교회였고, 한 100명 정도 들어 갈 수 있는 예배당과 각종 시설이 잘 갖춰져 있었다. 그러나 교인들이 자꾸 줄어들어 그때는 목사도 없고 할아버지, 할머니들 11명 밖에 남지 않았다고 했다. 그렇지만 교회에서는 나를 환영해주었고, 나는 매주 그 곳에 가서 열심히 설교하며 전도 했다.

그러나 유대인 마을이었기 때문에 대부분의 사람들은 교회에 나오지 않았다.

그러던 어느 날 우리학교에 부흥회가 있었는데 하워드 F. 서그던 목사님이 강사로 오셨다. 그 분은 미국에서 유명한 설교가이고, 성경학자 워런 W. 위어스비 박사의 절친한 친구이며 책도 함께 집필했는데, 미국에서 존경받는 성경학자이다.

그 분의 설교 중에 귀에 쏙 들어오는 말씀이 있었다.

"선교라고 하면 꼭 해외로 멀리 가야만 하는 줄 아는데, 미시간에 있는 대학교들에는 여러 나라 사람들이 와 있습니다. 미션필드가 딴 거 아닙니다. 그 사람들에게 전도하면 선교가 됩니다."

설교 후에 서그던 목사를 만났다. 그 분은 랜싱에 있는 사우스 침례교회에서 목회를 하고 있었다.

"목사님 거기에 한국에서 온 사람들도 있나요?"

"있겠죠. 확인해 보고 싶으면 직접 한번 오시오."

그래서 난 기회가 되면 꼭 랜싱에 방문하겠다고 말씀드렸다.

하나님은 보이지 않게, 나도 모르게 나를 이끌어 가고 계셨다.

 랜싱에서 개척교회 시작

미시간 지도를 보면 '슈셰인마리'라는 캐나다와의 경계에 있는 도시가 있다.

동쪽에는 맥 휴런이라고 하는 큰 호수가 있고 서쪽에는 렉스피어라는 호수가 있다. 위치가 높은 렉스피어에서 맥 휴런으로 떨어지는 폭포로 수심 높이를 조절하는 수문이 있다. 수위 차이를 조절하여 균형을 맞춰 배가 지나가게 하는 곳으로 유명한 관광지이다.

그 곳은 내가 사는 동네에서 자동차로 약 7시간이 걸리는 곳에 위치해 있다. 우리 부부는 여름방학을 이용하여 그 곳 호텔에서 아르바이트를 하며 여러 교회를 다니며 말씀을 전했다.

그러던 어느 날 교회에서 설교를 마치고 나오는데, 누군가 나를 불렀다. 한국에서 온 홍대욱 전도사였다.

그는 대한신학교를 졸업하고 미국으로 이민와 의수족을 만드는 사업을 하는 사람이었다.

그는 랜싱에 살고 있다면서 성경 공부를 하고 싶다고 나에게 성경공부를 인도해 주기를 요청했다. 랜싱은 우리가 살고 있는 그랜드 래피츠에서 자동차로 한 시간 반 정도의 거리다.

나는 그 사람의 요청을 받아들여 그랜드 래피츠에서 신학교를 다니면서 주말에는 랜싱에 가서 함께 성경공부를 인도했다. 날이 갈수록 여기저기에서 사람들이 모여 함께 기도 중에 교회로 모이자고 의견을 모았는데 정기적으로 모일 수 있는 모임장소가 필요했다. 어떻게 해야 할지 몰라 기도했다.

　계속 기도하던 어느 날, 예전에 학교 부흥회 때 만났던, 랜싱에 사시는 서그던 목사님이 떠올랐다. 그래서 몇몇 성도들과 함께 서그던 목사님이 목회하는 '사우스침례교회'를 찾아갔다.

　서그던 목사님은 우리를 반갑게 맞이해 주었다.

　"목사님, 우리가 랜싱에서 한국 사람들 중심으로 성경공부를 하고 있는데, 공간이 부족합니다. 그래서 교실 하나가 필요한데 빌려 줄 수 있습니까?"

　서그던 목사님은 바로 일어서더니 말했다.

　"나를 따라오시오."

　눈 앞에 넓은 공간이 펼쳐졌다. 어림잡아도 500여 명은 족히 들어가고도 남는 큰 예배실이었다.

　서그던 목사는 물었다.

　"여기면 되겠소?"

　그 당시 성경공부를 하고 있던 사람은 겨우 10명 남짓이었는데, 그런 우리에게는 너무나 큰 장소였다.

　"여긴 너무 큰 것 같습니다."

　"앞으로 계속해서 커질 것이니 여길 쓰시오."

　나보다 더 멀리 내다보실 줄 아는 서그던 목사님의 안목과 배려에 그저 감사할 뿐이었다.

우리는 그 큰 예배실을 빌릴 수 있었고 거기서 한국인을 위한 목회를 시작하기로 했다.

처음에는 학교가 그랜드 래피츠에 있어 주중에는 그랜드 래피츠에서 신학 공부를 하고 주말에는 랜싱으로 가서 목회를 시작했다. 결국은 그 모임이 개척교회인 랜싱한인교회를 세울 수 있는 초석이 되었다.

잔 지 메모리얼 라이브러리를 설립하다

랜싱에서 처음에 교회를 개척하자고 제안했던 사람 중 또 한사람은 한국인 의사 장석중 박사였다.

1970년도 초에는 우리나라 의사들이 미국으로 이민을 와서 한창 자리를 잡을 때였다.

장박사는 나보다 나이가 어렸고 토론토 병원에서 레지던트까지 하고 직장 때문에 랜싱에 있는 병원으로 옮겨온 상황이었다. 장박사의 가정은 아내와 함께 어린 남매를 키우고 있는 평범한 가정이었다. 그 아버지도 그 할아버지도 존경받던 신앙인으로 믿음의 집안에서 잘 성장한 분이었다.

장박사는 랜싱에 한국인 의사가 많이 있다고 했다. 그들에게 먼저 복음을 전하면 빨리 복음이 전파될 수 있을 거라고 했다.

교회가 알려질 수 있는 다양한 방법을 고민했다. 하지만 개척교회를 알리는 것이 생각처럼 쉽지 않았다.

그러던 중에 우리교회가 알려질 수 있는 계기가 된 사건이 있었다.

그 당시 랜싱에는 한국인이었지만 심장 전문의로 유명한 지 박사가 있었다.

그 일대에서는 모르는 사람이 없을 정도로 유명했고, 의사들 사이에서도 실력이 출중하여 그를 존경하는 이들이 많았다.

개척 교회를 시작하고 몇 일이 안돼서 홍대욱 전도사로부터 급한 전화가 왔다.

"무슨 일이죠?"

"지 박사 아들이 교통사고로 죽었소. 그래서 교회에서 장례식을 치러야 합니다."

그 당시 난 전도사였지만, 장례식을 진행할 사람은 나밖에 없었다. 그래서 급히 서둘러 교회에 가게 되었고, 교회에 와서야 자세한 사연을 들을 수 있었다.

지 박사의 아들은 예일 대학교에 다니고 있었는데, 잠시 집에 들렀다가 교통사고로 사망했다는 것이다. 그 당시엔 정말 큰 대형 사고였다.

그 당시 지 박사는 교회에 나가지 않았지만, 아들은 사우스침례교회를 다녔다. 그는 구원의 확신도 가지고 있었다고 했다. 그래서 그 교회에서 장례식을 하기로 했다는 것이다.

장례식 날 지 박사와 부인이 처음으로 교회에 왔다. 워낙 유명했던 의사라 미시간주, 오와이오주에서도 조문객이 왔다. 의사들이 얼마나 많이 왔던지, 400여 명이 모였다. 나는 차분하게 장례식을 집도하고 설교를 했다.

장례가 끝나고 며칠이 지난 후에 지 박사 집에 심방을 갔더니 그 부인이 숨죽여 울고 있었다.

외아들의 죽음이라 너무나 슬픔이 크고 상처가 컸던 듯했다. 나 역시 자식을 키우는 아비로서 그 마음이 절절이 통감되었다. 하지만 처음하는 목회다 보니 이럴 때 무슨 말을 어떻게 해야 위로가 되는 건지 판단이 서지 않았다. 행여 부족한 말로 그 마음을 더 다치게 할까 조심스러워 통상적인 몇 마디만 건네고, 집으로 돌아와 마음을 다해 기도할 뿐이었다.

그 부인은 아들의 유품을 정리하면서 많은 옷가지들을 같은 또래 유학생들에게 주고 싶다며 기증했다. 대부분 새 옷이었다.

그런데 주변에서 말들이 많았다.

"죽은 사람이 입던 옷을 어떻게 입느냐?"

이런 저런 핑계를 대며 다시 옷을 돌려보낸 사람들도 많았다. 부인은 그 사실에 더 큰 상처를 받았다. 그래서 나는 그 아들이 입었던 점퍼를 달라고 해 일부러 6개월 동안 입고 다녔다.

그리고 교회 가는 길에 그 아들이 묻힌 묘지에 꼭 들렀고 사나흘에 한 번은 꽃을 갈아 주었다. 그리고 그 아이의 고등학교 선생을 만나 혹시 추억할 만한 무언가가 학교에 남았는지 물었다.

그러자 선생님께서 그 아이가 시를 잘 썼다고 얘기해 주셨다.

그래서 그 애가 쓴 시를 모아 30페이지 정도의 시집을 만들어 지 박사에게 주었다. 그 부부는 그 시집을 보며 큰 위안이 된다며 무척이나 고마워했다.

나는 어떻게 하면 지 박사가 하나님의 위로를 느끼고, 믿음을 가질 수 있을까를 계속 기도했다. 기도 중에 하나님께서 지혜를 주셨다. 나는 지 박사가 근무하는 병원을 방문해 병원행정가들을 만나 제안했다.

"지 박사는 평생 이 병원에서만 일했습니다. 그 사람 때문에 병원도 유명해지고 발전했다고 생각합니다. 그 아들도 여기서 뛰어놀며 자랐습니다. 병원 도서관에 그 아이 이름을 넣어 기념 도서관으로 만들면 어떻겠습니까?"

병원행정가들은 진지하게 그 일을 진행하게 되었다.

그리고 정말로 지 박사 아들의 이름을 딴 잔 지 메모리얼 라이브러리(John Chi Memorial Library)라는 병원 도서관이 세워졌다.

도서관에는 아들 사진을 붙인 동판도 만들어져 있었다. 모든 사람들이 좋은 일 했다며 칭찬해 주었다. 나는 지 박사 부부의 상황이 늘 마음에 걸렸다. 외아들을 한순간에 잃은 충격과 고통을 하루 빨리 회복하기를 진심으로 기도했다.

그 몇 년 후 지 박사 부부는 아들 이름으로 기념도서관을 아주 크게 세우게 되었다.

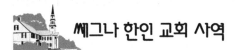

쎄그나 한인 교회 사역

1974년쯤으로 기억된다.

랜싱에 있는 공원에서 그 지역 교회들이 연합으로 8.15 광복절 행사를 한 적이 있었다. 그때 내가 설교를 했는데 행사가 끝난 후에 신 박사라고 하는 사람이 나한테 다가왔다.

"쎄그나 지역에도 예수님 믿는 신자 분들이 있으니 한 달에 한 번 만이라도 와서 설교로 도와 주십시오."

"사람만 모인다면 한 달에 한 번이 아니라 매 주일도 갈 수 있습니다."

내가 아직은 신학생이었지만 말씀을 전할 수 있는 자리가 있다고 한다면 어디라도 갈 수 있다고 여겼던 때였다. 물론 지금도 그 생각에는 변함이 없다.

일단 그러마고 약속을 하고 나니 나의 일상은 지금까지와는 달리 무척 바쁘게 돌아갔다.

나는 당시 세 군데 교회를 담당하고 있었다.

평일에는 그랜드 래피츠에서 학교를 다니고, 주일 오전 11시에는 랜싱한인교회에서 예배인도를 하고 오후 2시에는 쎄그나 한인교회에서 예배를 드렸다. 그리고 계속 캔트카운티교도소의 채플린의 일을 하였다. 바쁜 일상이었지만 내게는 너무나 축복된 시간들이었다.

공부하고, 심방하고, 전도하며 다닐 때라 온통 정신이 거기 팔려 있던 시절, 나도 아내도 힘들었지만, 무엇보다도 세 아이들에게는 더 없이 힘든 시절이었다.

내가 아무리 바쁘게 일을 하고 있다 해도 결국 가난한 개척 교회 목회자였다.

내가 타고 다니던 자동차는 김장환 목사님의 처남인 Herb Steventh씨가 타던 빨간색 폭스바겐이었다.

원래 자동차나 가전제품은 시간이 지나면 부속품을 갈아주면서 손질하지 않으면 제 구실을 못하는 법이다. 하지만 생활이 어려웠던 나는 제대로 차를 손보지 못했다. 덕분에 겨울에는 히터가 안 나오고 찬바람이 들어와 자꾸 차창에 김이 서려서 얼어 붙었다. 그래서 조금 가다가 긁고, 또 조금가다가 긁고… 두툼한 담요를 씌우고 다니며 춥고 긴 겨울을 버텼다. 가족들과 어디를 갈때면 아이들 스스로 제몫의 담요를 챙겨 차에 올랐다. 그런 모습이 귀여우면서도 한편으로는 아빠로서 참 미안했다.

반면 여름에는 에어컨이 작동하지 않았다. 그러다 보니 차가 자주 열을 받아 멈춰 서기 일쑤였다. 가다가 서서 엔진을 식혔다가 다시 가다 서고를 반복했다. 그래도 애들을 태우고 다닐 수 있어 다행이었지만, 아이들 고생이 이만저만이 아니었다. 그렇지만 그런 차라도 타고 다닐 수 있음에 감사했던 날들이었다.

난 그랜드 래피츠에서 신학교를 졸업하고 랜싱으로 이사했다.

그 때 교회는 개척교회라 재정상태가 무척 어려워 교회가 사택을 준비해 줄 형편이 못됐다. 그런데 장석중 박사가 나서서 사택을 얻어 주었다.

어느 날 일을 마치고 저녁 때 집에 돌아왔는데 우리 집 벽에 엎드려 뭔가 열심히 하는 사람이 보였다. 나는 혹시 도둑인가 싶어서 잔뜩 긴장하고 가까이 갔더니 장 박사가 직접 에어콘 설치를 하고 있었다. 나 없는 사이에 집에 에어컨을 설치해 주기 위해 몰래와 일하고 가려고 했는데 전문가가 아니라 시간이 예상보다 많이 들어 나한테 들키고 만 것이다. 그 때는 내가 목사도 아니고 무명의 전도사였는데 그는 나를 하나님의 일군으로 생각하고 지극한 정성으로 나를 도와 주었다. 그도 주님의 복음을 위해 그러했겠지만 그 때 받은 은혜를 평생 잊을 수가 없다.

마태복음 25장에 보면 주님이 심판하시는 장면이 나온다.

"그 때에 임금이 그 오른편에 있는 자들에게 이르시되 내 아버지께 복 받을 자들이여 나아와 창세로부터 너희를 위하여 예비된 나라를 상속받으라 내가 주릴 때에 너희가 먹을 것을 주었고 목마를 때에 마시게 하였고 나그네 되었을 때에 영접하였고 헐벗었을 때에 옷을 입혔고 병들었을 때에 돌보았고 옥에 갇혔을 때에 와서 보았느니라 이에 의인들이 대답하여 이르되 주여 우리가 어느 때에 주께서 주리신 것을 보고 음식을 대접하였으며 목마르신 것을 보고 마시게 하였나이까 어느 때에 나그네 되신 것을 보고 영접하였으며 헐벗으신 것을 보고 옷 입혔나이까 어느 때에 병드신 것이나 옥에 갇히신 것을 보고 가서 뵈었나이까 하리니 임금이 대답하여 이르시되 내가 진실로 너희에게 이르노니 너희가 여기 내 형제 중에 지극히 작은 자 하나에게 한 것이 곧 내게 한 것이니라 하시고"(34~40)

그간 랜싱에서 만나 지금까지 수 십년 동안의 장 박사의 삶을 생각해 보니 위 말씀이 떠올랐다.

최근 그 아들이 미국에서 목사가 되었다. 나는 그 아들의 목사 안수식 때 설교를 맡아 미국에 가면서 목사 가운을 준비해 갔다. 참 감격스러웠다. 아무리 어려워도 하나님을 평생 신실하게 섬긴다는 것이 얼마나 귀하고 기쁜 일인가를 새삼 느끼는 날이었다.

그 때 하나님께서 우리에게 주신 아이들은 셋이었다.

큰아들은 사우스 케롤나이나에서 낳았고, 큰딸 수잔은 그랜드 래피츠에서 낳았고, 막내 트리샤는 랜싱에서 낳았다.

아내는 힘겨운 상황 속에서도 아이들을 잘 키우고 사모로서도 열심히 내조를 잘 해 주었다. 그런 아내 덕분에 난 목회에 전념할 수 있었다.

랜싱에서의 목회는 힘들었지만, 즐거운 나날이었다.

아내는 아직 낯선 그곳에서 첫째 잔과 둘째 수잔, 막내 트리샤까지 세 아이들을 홀로 건사하며 묵묵히 적응해 갔다.

그 무렵 나는 성경공부 모임 활성화에 총력을 기울였고, 그 모임을 통해 많은 열매가 맺혔다.

그 열매 중에는 지규만 박사도 있었다. 박사 학위를 따느라 랜싱에서 지냈는데, 한국으로 돌아가게 되어 교회에서 송별 파티를 해주었다. 파티가 무르익을 무렵 지규만씨는 말했다.

"내가 여기 미국에 와서 박사학위 받은 것도 중요하지만, 가장 큰 수확은 예수 믿고 가는 겁니다."

그 후 한국으로 돌아간 지 박사는 고려대학교 교수로 재직했는데 농과 계통학교에서는 모르는 사람이 없을 정도로 성공을 했다.

또 열심히 봉사하며 철학박사 학위를 마친 정득만씨는 사모님이 시인이셨는데, 정 박사가 귀국할 때, 트레일러에 이삿짐을 싣고 공항에 같이 가던 추억이 생각난다. 그후 정 박사는 계명대학교 총장을 역임하였다.

한국에서 교수로 있다가 유학 왔던 오승재씨가 생각난다.

그가 어느 날 교회에서 간증을 했다.

그 간증 내용이 너무 재미 있어서 지금도 생생하게 기억이 난다.

"저는 대학교를 졸업하고 취직을 하려고 어느 고등학교에 교사

지원 원서를 냈는데, 그 학교는 미션스쿨이라 세례교인이어야 한다면서 세례증명서를 가져오라고 하더라구요. 저는 세례받은 적이 없어서 친구하고 고민을 했었지요. 그랬더니 그 친구가 말하길, 아무개 아버지가 목사니까 부탁해 본다고 하더군요. 결국 그 친구는 교회 직인을 몰래 가져다가 세례증명서에 찍어 줘서 무사히 취직을 할 수 있었지요. 그런데 학교에서 매일매일 채플을 했는데 그때마다 은혜 받은 증거를 물어보는데 괴로워서 죽을 뻔했지요. 그래서 결국 그 괴로움 때문에 예수님을 믿게 되었답니다."

한 번은 성탄절에 성도들과 함께 새벽송을 하러 동네에 있는 큰 아파트 단지로 갔었다. 밤 12시가 넘어서 다들 잘 시간이라 교인 집 앞에서 조용히 찬송을 불렀다. 그런데 새벽송을 마치고 돌아오는데 오승재씨가 말했다.

"목사님이 하도 조용히 하라고 손가락을 입에 대고 쉬쉬 하셔서 바지가 다 젖었어요."

그렇게 재미있는 분이 바로 오승재씨 였는데, 어느 날 그가 심각한 표정으로 나에게 고민을 털어 놓았다.

"한국 집에 어머니하고 아내, 아이들 넷을 두고 왔는데 제가 공부를 마치려면 앞으로 5년이 더 걸립니다. 공부하는 동안 식구들이 미국에 와서 같이 있었으면 좋겠는데, 식구들을 초청하려면 재정 보증인이 있어야 하는데 제 주변에는 그럴만한 재력을 가진 사람이 없어 안타깝습니다. 어떻게 해야 될까요?"

그 재밌는 사람이 기가 팍 죽어 있었다.

나는 그 말을 듣고 그를 도울 수 있는 방법을 달라고 하나님께 기도했는데, 김장한 목사님 처남이 떠올랐다.

나는 오승재씨를 차에 태우고 직접 7시간 넘게 운전을 해서 김장환 목사님의 처남인 허브 씨를 만나 사정을 얘기하면서 재정 보증을 조심스럽게 부탁했다. 허브 씨는 바로 재정 보증을 해 줬고, 우리는 다시 7시간을 운전해 돌아 왔었다. 그 후 나는 한국으로 돌아왔기 때문에 그 날 보증을 받아 준 일이 도움이 됐는지는 모르겠지만 할 수 있는 건 다해줬다.

몇 년 후 한국에 있을 때 오승재 교수가 내게 자기가 쓴 책을 하나 보냈는데 거기에 간단하게 "미국에 유학 가 있었을 때 출석했던 교회에 송용필 목사라는 낙천적인 사람이 있었는데, 우리 식구들을 초청하기 위해 보증인이 필요하다고 상담했더니 7시간 운전해서 보증인을 얻어주고 7시간 운전해서 돌아왔다. 그 일로 유학기간 동안 우리 식구들은 미국에서 있을 수 있었다"라는 식으로 언급도 되어 있었다. 나중에 얘기를 들었는데 오승재 교수는 장로가 되었고 한 아들은 플로리다에 있는 대학교 교수가 되었고, 다른 애들 셋도 다 잘 됐다고 했다. 하나님이 하시는 일은 헛된 일이 없음을 또 한번 깨닫게 된 시간들이었다.

우리의 조그마한 친절이 한 사람을, 한 가정을, 한 공동체를 바꿀 수 있음을 배울수 있는 일이기도 했다.

이 모든 일들이 랜싱에서 성경공부를 함께 한 사람들에게 생긴 놀라운 은혜였고 하나님의 역사였다.

그 때 여기저기 다니며 목회를 했던 이유로 40년 가까이 지난 지금도 그 열매를 보고 있다. 가난 가운데서도 포기하지 않았던 나의 청춘시절의 목회생활이 큰 보람으로 다가올 수 있게 하신 하나님께 감사드린다.

그 때 사랑의교회 담임이셨던 옥한흠 목사님이 그랜드 래피츠에 있는 칼빈신학교에서 공부를 하고 있었다. 옥 목사님이 어느 날 나를 찾아왔다. 함께 이 얘기 저 얘기를 하는데, 순간 성령님이 옥 목사님에게 목회지가 필요할 거라는 깨달음을 주셨다. 그래서 옥 목사님에게 그 자리에서 제안을 했다.

"지금 제가 섬기고 있는 쎄그나한인교회를 옥 목사님이 맡아 목회를 하면 어떻겠습니까?"

마침 옥 목사님도 사역지를 찾을 때라 좋아하셨고, 쎄그나한인교회의 담임목사가 되어 열심히 사역을 하셨다. 그 결과 그 교회는 잘 성장한 아름다운 교회가 되었다.

1975년!

나는 서그던 목사님이 시무하는 사우스침례교회(South Baptist Church)에서 목사 안수를 받았다.

이제 본격적으로 선교를 생각해야 할 때가 된 것이다.

랜싱에서의 목회는 재미있었고 보람도 있었다. 하지만 난 항상 북한선교를 잊지 못했다. 나를 소개하는 자리에서는 항상 북한이 고향이라고 밝혔고, 신학을 공부할 때도 북한 선교를 잊지 않고 있었다. 그런 소원을 하나님께서는 항상 깨우쳐 주셨고, 그 길로 나를 인도해 주셨다. 간절히 원하면 이루어진다고 했던가? 꿈에 그리던 북한 선교의 기도가 이루어지는 순간이 내게 찾아왔다.

1977년 10월,

디트로이트 신문에 선교대회가 있다는 광고가 실렸다. 강사가 김장환 목사님과 미국극동방송 재정담당 부사장인 밥 래이놀드 (Bob Reynold) 였다. 선교대회 장소는 매리먼트(Marymond)침 례교회였는데 차로 1시간 30분 정도 떨어진 곳이었다. 나는 기쁜 마음으로 그 곳을 찾아갔다.

그 때 마침 김장환 목사님이 설교를 하고 있었다.

'아니, 이럴 수가! 저런 방법이 있었구나.'

그 설교를 들으면서 내가 그리도 꿈에 그리던 북한 선교의 해법 을 찾을 수 있었다. 나는 무조건 북한 선교를 하기 위해서는 북한 으로 들어가야만 한다고 생각했고 언제쯤 자유롭게 북한 땅을 넘 나들 수 있을까를 고민하곤 했었다. 하지만 김 목사님의 설교는 막혀 있던 나의 사고에 밝은 빛으로 다가오는 축복 그 자체였다.

40여 년 가까이 지난 지금도 그 설교내용이 기억에 생생하다.

"오늘날 러시아에 우리가 선교사를 보낼 수는 없습니다.

왜냐하면 철의 장막 때문입니다.

중국에도 안 됩니다. 죽의 장막 때문입니다.

북한 땅에도 선교사를 보낼 수 없습니다. 휴전선 때문입니다.

하지만 극동방송 전파를 통해 선교를 하면 많은 사람들이 복음을 듣고 주님의 은혜와 믿음으로 구원받을 수 있습니다."

휴전선만 없으면 북한에 선교를 가겠다고 생각했던 나에게 강력한 울림이 왔다. 전파를 통하면 지금도 북한에 선교를 할 수 있다는 생각을 그제야 할 수 있게 된 것이다. 나는 기도했다.

"하나님, 저는 휴전선이 뚫리면, 북한에 가서 복음을 전파하려 했는데, 방송을 통해서도 북한에 전도할 수 있음을 오늘에야 깨달았습니다. 하나님 아버지! 제가 북한선교를 위해 한국 극동방송에 가서 일을 할 수 있을까요?"

나는 그 날 밤에 바로 호텔로 김장환 목사님을 찾아갔다.

그리고 설교 때 받은 그 감동을 그대로 전했다.

"오늘 정말 감동을 받았습니다. 저는 북한선교를 위해 신학을 공부했는데, 오늘 목사님 설교를 듣고 지금 바로 방송을 통해 북한선교가 가능하다는 것을 깨달았습니다. 그래서 이 곳 사역을 정리하고 북한선교를 위해 한국에 가고 싶은데, 지금 내가 한국에 가도 할 일이 있겠습니까?"

간절한 마음으로 김 목사님에게 내 생각을 전했다.

"그렇지 않아도 여기 오기 전에 자네 생각을 하면서 기도했지.

그냥 극동방송으로 오면 되네."

밝은 미소와 함께 한국으로 와도 좋다는 말씀을 전해 주시는 김 목사님에게 감사를 드렸다. 그리고 나를 인도해 주고 계시는 하나님께도 마음을 다해 감사기도를 했다.

나는 아내에게 그날 밤에 있었던 일을 그대로 전했다.

"아무래도 하나님이 나에게 한국 극동방송에 가서 북한선교 사역을 하라고 하신 것 같소."

그러면서 조심스럽게 아내의 의견을 물었다.

"사실 아이들도 그렇고 저는 미국에 사는 게 좋지만 하나님이 당신을 한국으로 인도하시면 두말 않고 가야지요. 갑시다!"

나는 천군만마를 얻은 것처럼 기뻤다. 그리고 이 모든 것들이 하나님이 열어 준 기회라고 생각했다. 그렇게 해서 1978년 아이들 셋을 데리고 한국에 가기 위해 짐을 싸기로 했다. 첫째 아들 쟌은 6살, 둘째인 수잔은 4살, 셋째인 트루샤는 겨우 2살이었다.

처음 미국에 올 때도 그랬고, 다시 한국으로 돌아갈 때도 주님은 김장환 목사님을 통해 나를 이끌어 주셨다. 지금의 내가 있기까지는 김장환 목사님의 역할이 컸다. 난 김장환 목사님에게 항상 빚진 사람이 되었다. 언젠가는 그 빚을 갚으리라 하는 마음으로 한국행 비행기에 올랐다.

나중에 들은 이야기였지만 아내는 내가 한국으로 돌아가자고 했을 때 순간적으로 이런 생각을 했단다.

'미국에 있어도 하나님 섬기고 한국에 있어도 하나님 섬기는데 왜 꼭 거기 가서 하나님을 섬겨야 하나?'

하지만 그 생각도 잠시, 아내는 흔쾌히 함께 가는 것을 허락했고 겉으로 불안하거나 싫은 내색조차 보이지 않았다. 그런 아내의 모습이 얼마나 힘이 되었는지 모른다.

제 3 장

비전을 향해
훈련시키시는 하나님

"이는 내 생각이 너희의 생각과 다르며
내 길은 너희의 길과 다름이니라
여호와의 말씀이니라 이는 하늘이 땅보다 높음 같이
내 길은 너희의 길보다 높으며
내 생각은 너희의 생각보다 높음이니라"
(이사야 55:8-9)

한경직 목사님과의 만남

13년 만에 돌아온 고국

1978년, 3월 드디어 우리 가족은 한국행 비행기를 탔다.

13년 만에 다시 돌아오는 고국이었다. 비행기 안에서 만감이 교차했다.

북한선교에 대한 열정과 고향에 대한 그리움과 기대감에 가슴이 부풀어 오르기도 했지만, 현실적으로는 안개 속을 걷는 기분이었다. 어린 아이들은 다들 미국에서 나서 자랐다. 그 애들한테는 오히려 한국이 낯설기만 한 곳이었다. 거기다 한글도 모르는 상태였다.

우리 가족이 미국에서의 안정된 삶을 뒤로 한 채 한국행을 택한 건 순전히 나 때문이었다. 하나님의 뜻이고 하나님의 인도라고 믿으며, 한국에서 하나님의 일을 하겠다고 마음 먹었기에 아내도 순순히 나의 가는 길을 따라 주었다. 그러나 막상 애 셋을 데리고 다시금 한국 땅에서 적응해 가야 한다는 현실적인 삶이 우려되는 것도 사실이었다.

이런 나의 표정을 보고, 아내가 무슨 근심거리라도 있냐고 물었다.

"걱정은 무슨? 진짜 걱정거리가 딱 하나 있긴 한데 말이야. 한국을 떠나올 때 여자친구가 3천 명은 됐는데, 그들이 공항에 마중 나올까 봐 걱정이지."

"아, 그래요. 3천 명이 마중 나오는 건 괜찮은데, 1명의 여자 친구가 마중 나온다면 걱정이 되네."

아내는 나의 농담을 재치 있게 받아줬다. 어찌 보면 아내가 나보다 더 담대할 때가 많은 것 같았다. 내가 한 결정을 지지해 주고 그 뒤치다꺼리를 하는 것은 언제나 아내였다. 결국 하나님의 뜻대로 살 수 있었던 가장 큰 힘은 내가 아닌 아내의 전폭적인 지지 때문이었다. 가화만사성이라고 하지 않던가! 만일 나의 한국행을 아내가 반대했다면 나는 지금 미국에서 목회 일을 하고 있을지도 모른다. 이루지 못한 북한 선교의 꿈을 마음속으로 그리워하면서 말이다.

그때 아브라함이 생각났다.

"여호와 하나님께서 아브라함에게 이르시되 너는 너의 고향과 친척과 아버지의 집을 떠나 내가 네게 보여 줄 땅으로 가라."(창세기 12:1)

"내가 네게 보여 줄 땅!"

아브라함은 하나님이 부르실 때 하나님이 어디로 보낼지도 모르는 상태에서 이삿짐을 쌌다. 그야말로 갈 바를 알지 못하고도 말씀에 순종해 떠났지만 아브라함은 나중 큰 민족을 이루고 창대하게 되었다.

그래도 나는 하나님께서 갈 곳을 미리 말씀해 주지 않았는가! 아브라함에 비하면 나는 훨씬 좋은 조건이라는 생각이 마음을 편하게 해 주었다.

설레는 희망 뒤 불편한 현실

아내와 나는 한국에 오기 위해 미국 살림을 거리낌없이 정리했다. 애들이 울고불고 하는데도 한국 가면 더 좋은 걸로 사준다고 하며 아끼던 자전거까지 팔았다. 그렇게 하나 둘 정리하다 보니 정말 옷가지 몇 개를 빼고는 남은 살림이 없었다. 홀가분한 몸과 마음으로 가방 5개만 가지고 한국에 들어왔다.

그러나 홀가분한 마음으로 시작한 한국 생활은 예상치 못한 어려움들이 기다리고 있었다. 13년 만의 귀국이라 너무 한국 실정을 몰랐던 나의 안일함 때문이었다. 지금은 그 당시 상황을 미국에서 다 받지 못한 하나님의 훈련 과정이었다고 생각한다. 하나님만 바라보며 더 굳건한 믿음으로 살아가야 한다는 하늘 아버지의 뜻이었다고 믿는다.

지금의 극동방송은 김장환 목사님이 1977년 1월부터 기도와 헌신과 경영으로 크게 발전시켜 전국 11개 지역에 방송사가 있는 세계적인 방송사가 됐고 환경이 좋아졌지만 그 때는 서울에만 극동방송이 있었고 이전 경영자들이 빚을 많이 남

1970년대 극동방송(서울)

겨 운영이 아주 어려웠다.

당시 극동방송은 비가 오면 천정에서 물이 뚝뚝 떨어지는 시멘트 블록으로 지은 2층 건물이었다. 그것도 남의 건물이었다. 김장환 목사님이 극동방송 사장으로 취임한지 얼마 되지 않은 때라 환경이 그야말로 열악한 상태였다.

그 건물 한쪽에 랜츠 선교사가 방이 3개 있는 공간을 쓰고 있었는데, 우리는 그 선교사가 쓰던 방 한 칸을 빌려서 살았다. 작은 단칸 방에 어른 둘에 아이 셋, 들고 온 옷가방 5개를 쌓고 나니 방이 꽉 찼다. 미국에서는 넉넉한 집에서 살다 왔으니, 아내와 아이들이 느끼는 불편함이란 이루 말할 수가 없었다.

내 생각이 짧았다.

나야 워낙 고생하는데 익숙해져 있었고, 어릴 적에 힘들게 살아왔던 경험이 있어서 웬만한 상황에서도 견딜 수 있었지만, 아이들과 아내는 이 낯선 환경에 너무나 힘들어 했다. 그럼에도 아내는 어쩔 수 없는 환경에 순응하며 묵묵히 버텨주었지만 아마도 무척이나 힘들었을 것이다. 그런 과정을 묵묵히 겪어준 아내와 아이들에게 감사하고 미안한 마음이 지금까지도 남아 있다.

우리는 그 단칸방에서 다른 곳으로 이사했는데 거기는 습기로 곰팡이가 슬어 있었고, 바닥에 놓여있던 물건을 들어 올릴 때마다 손가락만한 노래기가 방바닥을 가로질러 이리저리 흩어지곤

해, 아내와 아이들을 힘들게 했다. 모두들 노이로제가 걸릴 정도였다.

그래서 또 이사를 가게 됐다. 그런데 이번 집에서는 천정에서 쥐가 뛰어 다녔다. 아내는 기겁을 하며 도저히 집에 들어 갈 수가 없다고 했다. 노래기를 피해 도망 왔더니 이젠 쥐가 문제였다. 나는 식구들이 너무 고생하는 것을 보며 가슴이 답답해졌다.

'이렇게 가족들을 고생시키면서까지 내가 하려고 하는 것이 진짜 내가 해야 할 일일까? 가족도 제대로 지키지 못하는 내가 과연 북한선교를 해낼 수 있을까?'

매일 기도를 하며 하나님께 답을 청했다. 하지만 야속하게도 하나님은 아무런 답도 주시지 않았다. 그렇게 시간이 지나갈 뿐이었다.

그러나 고뇌의 시간이 얼마 지나지 않아 주님은 다시 응답을 주셨고, 감사가 나왔다. 과거 절박한 상황에서도 나를 건져주시고 그 때와는 상상이 안 되는 비교 할 수 없는 사람으로 만들어 주신 하나님께서 지금의 이 상황을 선히 인도하시리라는 믿음이 생겼다.

주님은 다정한 목소리로 내게 속삭여 주셨다.

"두려워하지 말라 내가 너와 함께 함이라 놀라지 말라 나는 네 하나님이 됨이라 내가 너를 굳세게 하리라 참으로 너를 도와주리라 참으로 나의 의로운 오른손으로 너를 붙들리라." (이사야 41장 10절)

마음에 뜨거운 것이 밀려오면서 코끝이 찡해졌다. 감사의 눈물이 쏟아지고 새로운 용기가 샘솟았다.

'주님이 나와 함께 하신다는데! 주님의 의로운 오른손으로 나를 붙드신다는데! 고마우신 주님 감사합니다. 이 훈련을 잘 통과하게 믿음과 능력을 주옵소서.'

그저 북한선교만 생각하고 제대로 준비도 없이, 아무 것도 없이 시작했던 한국행이라 초반의 고생은 많았지만 아내는 꿋꿋이 지켜주었다. 게다가 내 앞에서는 한 번도 눈물을 보이지 않던 아내였기에 나는 아내가 잘 적응하고 있다고 믿고 있었다.

그러던 어느 날, 우는 큰 딸을 혼내면서 말했다.

"여자가 그렇게 울면 안 된다. 너, 엄마가 우는 것 봤니?"

큰 딸이 바로 대답했다.

"랜츠 할아버지랑 함께 살 때 엄마가 아빠 몰래 우는 것 여러 번 봤어요."

남편인 나에게도 들키지 않을 정도로 철저하게 자신의 힘든 상황을 숨긴 아내였지만 아이들에게는 들켰던 모양이었다.

 ## 북방선교의 전초기지, 극동방송

그때 김장환 목사님은 극동방송(HLKX)과 아세아방송(HLAZ) 두 곳을 경영하고 있었다. 아세아방송 스튜디오는 시청 앞 대한일보사 사옥 한 층에 위치해 있었고, 제주도에 송신소가 있었다. 극동방송은 서울 마포구 상수동 홍익대학교 옆에 있었다. 하지만 방송이 두 군데로 나눠져 있으니, 여러모로 불편했고 특히나 재정적인 문제는 심각했다. 매월 인건비와 운영비를 걱정해야 했다.

그 당시엔 방송테이프도 재활용해서 써야 할 정도였다. 영어방송 시간이 많았는데 미국에서 프로그램을 녹음한 릴 테이프가 오면 방송을 내 보내고, 그 릴 테이프의 내용을 지워서 다른 프로그램 녹음을 해 방송했다. 그만큼 상황이 열악하고 어려웠다.

당시 극동방송 건물 1층엔 Compassion 선교회가 있었다. 극동방송은 그 건물의 2층에 있었다. 나는 그 당시 직책이 부국장이면서도 인원이나 재정이 부족해 총무과장을 겸했다. 매월 직원들 월급을 챙겨줘야 하는데, 상황은 여의치 않았다.

그러면서도 미국의 디한(M.R.Deehan)박사가 설립한 〈라디오 바이블 클래스〉에서 발행한 Our Daily Bread(오늘의 양식) 영어판을 한국어로 번역 해설하는 방송을 직접 진행했다. 그 후 그 방송은 할렐루야교회 김상복 목사님이 맡아 방송하게 되었다.

나와 함께 있었던 랜츠 선교사 부부도 처음엔 극동방송 건물 안에 살다가 건물이 신축공사를 하는 바람에 이사를 가야만 했다. 하지만 외국인 혼자서 생활을 한다는 게 그리 쉽지 않았다. 말도 잘 통하지 않아 집주인들도 싫어했다. 살다가 힘들 때면 나에게 연락이 왔는데 어느 날은 정말 심각하게 고민을 털어 놓았다. 나는 그 상황을 듣고 도와주기 위해 집주인을 찾아갔다.

방에 비가 새는 문제로 랜츠 선교사랑 집주인은 한참 실랑이를 벌이고 있었다. 내가 그 상황을 통역하면서 집주인에게 말을 건넸더니 집 주인이 버럭 화를 냈다.

"아니, 한국 사람이면 같은 한국사람 편을 들어야지, 양놈 편을 들어?"

격앙된 목소리로 소리를 치며 곡괭이를 들고 와서 나를 위협했다. 순간 당황했지만 집 주인을 잘 달래 위기의 순간을 모면할 수 있었다. 지금 생각해도 정말로 아찔한 순간이었다.

그만큼 방송사 일은 이런저런 일들로 신경 쓸 일들이 많았다. 하지만, 국내뿐만 아니라 일본과 북한, 중국, 당시 소련 등 공산권에 방송을 통해서 하나님의 말씀을 전하고, 복음을 전파할 수 있다는 그 하나만으로도 나는 충분히 행복했다. 자주 힘들고 어려운 상황이 지속되었지만, 하나님께서는 항상 그 고비마다 해결해 주시고, 다음 길을 예비해 주셨다.

하나님이 극동방송과 함께 하시며 돕고 계신다는 믿음이 생길 때마다 내겐 큰 위로와 힘이 되었다.

한 번은 이런 일도 있었다.

방송사 홍보와 전도를 위해서 좋은 아이디어가 떠올라 그것을 전단지로 만들면 좋겠다는 생각에 전단지를 기획했다. 하지만 최종 결재단계에서 돈이 없다는 이유로 전단지를 만들지 못하게 되었다. 지금 돈으로 치면 불과 몇 십 만원이었다. 언젠가는 꼭 해야지 하면서 아쉬운 마음에 그 기획안을 견적서와 함께 책상 위에 내려놓았다.

그러던 어느 날, 이화여대에서 영어를 가르치고 있던 엔츠 (Louis Entz) 선교사 부인이 찾아왔다. 학생들이 좋은 성적을 내게 해 줘서 고마운 마음 표현으로 사례금을 모아서 줬다며 방송사에 헌금하러 왔다고 했다.

그런데 그 금액이 전단지를 제작하려고 했던 그 견적금액과 정확히 일치했다. 백 원 단위까지 딱 맞아 떨어졌다. 어쩌면 그렇게 정확하게 예비하시고, 역사하시는지 놀라울 뿐이었다. 그 상황을 보고, 하나님께서 철저히 계획하고 보살펴 주심을 알게 되었다. 그 일은 신문에도 소개되면서 하나님의 역사하심을 증거 하였다.

그런 일이 수시로 일어났다. 그리고 그런 일들이 나로하여금 하나님을 더 신뢰하게 만들었다. 인간인 나의 생각대로 되지 않는다는 것을 알게 하심으로 나는 하나님 앞에 더 겸손할 수 있었다.

"하늘이 땅에서 높음 같이 내 길은 너희 길보다 높으며 내 생각은 너희의 생각보다 높음이니라."

이사야서 55장 9절 말씀이 증명되는 기회가 되었다.

1983년 때 일이다.

문화부에서 공문이 왔다. 한 사람이 방송사 두 곳 사장을 겸임해서는 안 된다는 내용이었다. 두 방송사는 재단이 달랐기에 김장환 목사님은 당시 극동방송 사장과 아세아방송 사장을 모두 겸하고 있었다. 그게 문제가 됐다. 그래서 이사회에서는 나를 아세아방송 사장으로 추천했다. 아세아방송에서 극동방송 경영을 맡고 있었기에 비중으로 봐서는 아세아방송이 실질적인 역할을 하고 있을 때였다.

당시 FEBC총재 밥 보우먼 박사, 라진주 선교사와 함께

나는 고민이 됐다. 내가 아세아방송 사장직을 수용하게 되면, 분명 극동방송과 아세아방송이 둘로 나뉘게 된다.

내가 아세아방송의 사장을 맡는 것은 그 당시로는 둘로 쪼개지는 상황이었기에 난 일주일 후에 사장직을 반려했다. 그리고 나 스스로 조직의 2인자를 자처했다.

문화부 뿐만 아니라 미국 극동방송(당시 한국 아세아방송의 본부였다)에서도 한 사람이 양 방송사 대표를 맡을 수는 없다고 강력하게 반대했다. 이 문제가 점점 심각해지자 나는 어떻게 해야 하는지를 하나님께 물었다.

하나님께서 지혜를 주셨다.

"극동방송과 아세아방송의 두 조직을 하나로 통합하면 한 사람이 통합된 조직의 대표를 맡아도 문제가 없지 않는가!"

결국 나는 아세아방송 이사직까지 사임하며 통합을 제안했다.

결국 아세아방송과 극동방송은 극동방송이란 이름으로 통합되었고, 김장환 목사님이 계속해서 사장직을 이어갈 수 있었다. 일련의 상황을 지켜 본 김장환 목사님이 나에게 이런 말씀을 하셨다.

"당신은 문제가 있어. 욕심이 너무 없어. 그게 흠이야."

나는 그 말을 칭찬으로 받아들였다.

그로 인해 시청 앞에 있던 아세아방송은 서울 마포구 상수동에 있는 극동방송 건물 한 모퉁이로 이전했고 그 후 아세아방송은 제주극동방송이 되었다.

회의와 희망

한국에 들어온 후 방송사에서 만 1년을 보냈다.

많은 일들이 있었고, 나의 모든 열정을 쏟아 부었지만, 방송을 통한 선교사역은 생각처럼 쉽지 않았다. 방송을 통해 복음을 소련이나 중국, 북한에 전하고 있는데, 청취자들의 반응을 알 수 없어 궁금했다. 당시에는 그 지역들과 편지나 전화를 주고받을 수 없는 상황이었다.

'내가 지금 시간을 잘 쓰고 있는 것인가? 이대로 가도 제대로 북한선교를 할 수 있는 것일까?'

허공을 향해 복음을 전하는 것 같아 마음에 갈등이 생기기도 했다. 방송사의 수많은 사람들이 열심히 노력해도 공산권의 반응은 냉담했다. 그 당시만 해도 국내에서는 방송이 나간 뒤에 많은 애청자들이 편지나 엽서를 통해 고마움을 전하고, 자신들의 사연을 알려왔다. 하지만 공산권에서는 1년에 청취자로부터 편지 3~4통을 받는 게 고작이었다.

방송사에서는 거의 봉사로 일하시는 분들이 많았다. 김장환 목사님도 방송 총책임자로 불철주야 사역을 하면서도 비서와 승용차만 지원받고 월급도 없이 봉사하셨다. 나도 월급 없이 미국의 몇몇 후원자들이 헌금을 해줘서 겨우 생활을 이어 갈 수 있었다. 그러기에 다른 일반 가정처럼 아이들에게 물질적으로도 잘 해 주지 못했다. 그래서 아내에게나 아이들에겐 항상 미안했다. 지금도 그때를 생각하면 맘이 짠하다.

한 번은 이런 일이 있었다.

한 달에 한 번씩은 아이들을 데리고 외식을 하곤 했는데, 항상 가는 집이 갈비집이었다. 보통은 갈비집에 가면 고기를 먹고 후식으로 냉면을 먹는데, 우리는 언제나 냉면만 먹었다.

그 날도 갈비집을 갔는데, 둘째 애가 군침을 삼키며 말했다.

"아빠, 남들은 다 고기를 먹고 냉면을 먹는데, 왜 우린 항상 냉면만 먹어? 우리도 고기 먹으면 안 돼?"

그 말에 나는 목이 메었다. 그날 먹었던 냉면이 무슨 맛이었는지 모를 정도였다.

'내가 지금 무슨 일을 하는 거지?'

아이들한테 너무 못할 짓을 하고 있다는 생각이 들었다. 한참 먹고 싶은 것도 많고, 많이 먹을 때인데, 제대로 못 해주는 상황이 한스러웠다. 부모로서 자식들에게 너무 미안했다.

하지만 다행스럽게 아이들은 그 상황을 이해하는 듯 했다. 가난한 것을 부끄러워하지 않았다. 오히려 아빠엄마 앞에서는 더 씩씩하게 잘 뛰어놀았다. 그런 아이들을 바라보는 내 맘이 얼마나 착잡했는지 모른다. 아이들이 잘 버텨준다 해도 가난한 상황이 불편한 것만은 사실이었다. 그런 상황에서도 주님께서 아이들을 잘 키워주셔서 그저 감사할 따름이었다.

한국사역 2년차 때 일이다.

방송을 통한 사역은 더디게 진행되었지만, 그럴수록 북방선교에 대한 의지와 사역에 대한 비전은 커져 갔다. 힘든 일이 계속될 때마다 하나님께서 강하게 단련시켜 크게 쓰실 거란 믿음도 더욱 굳건해졌다. 그리고 그 믿음은 곧 현실로 증거 할 수 있게 되었다.

1978년부터 중국정부는 경제체제 개혁을 결정했다. 동시에 대외개방 정책도 시작했다.

그 영향이 우리방송에도 큰 영향을 미쳤다.

그 전까지만 해도 중국, 소련, 북한의 청취자가 보낸 편지는 1년에 불과 서너 통 밖에 안됐다. 그나마 그것도 홍콩이나 일본을 통해서 들어온 것이었다. 그곳 청취자들도 극동방송에 편지를 보낸다는 것은 순교를 각오해야 하는 일이기도 했다. 그러던 것이 공산국가의 개방정책과 함께 점차 그 수가 늘더니, 1979년도에 접어들어서는 하루에 몇 십 통씩으로 늘었다. 우리들은 그 동안의 수고가 이제 빛을 보게 됐다면서 완전 축제 분위기였다.

1979년 그 해만도 공산권에서 무려 22,000통 가까운 청취자 편지가 도착했다. 기다리던 봇물이 쏟아지는 느낌이었다. 그간의 수고가 결코 헛되지 않았음이 증명되었다.

희망이 보였다. 당장이라도 중국으로 들어가고 싶었다. 중국에 하루라도 빨리 가서 청취자들을 심방하고 양육하고 싶어졌다. 하지만 아직

중국에서 온 청취자 편지들

까지는 중국과 정식 국교가 체결되지 않았기에 자유롭게 갈 수가 없었다. 안타까웠다. 뭔가 방법을 찾아야 했다.

그러다가 미국 시민권이 있으면, 자유롭게 중국에 들어갈 수 있다는 이야기를 듣게 되었다. 하지만 그 당시 난 미국 영주권자였다. 미국에 있을 때에 시민권 신청을 하지 않았던 게 아쉬웠다.

그래서 나는 기도 중에 앞으로 더 자유롭게 공산권 선교를 위한 도구로 미국 시민권이 필요하다는 것을 깨닫고 시민권을 받기 위해 다시 가족들을 데리고 미국행을 결심했다. 미국에 가서 시민권을 얻어 자유롭게 그토록 기도해 오던 공산권 선교와 북한 선교를 조금이라도 더 빨리 하고 싶은 마음이 앞섰다.

제 4 장

귀한 동역자를
만나게 하시는 하나님

"나의 하나님이 그리스도 예수 안에서 영광 가운데
그 풍성한대로 너희 모든 쓸 것을 채우시리라"
(빌립보서 4:19)

장석중 박사 부부와 South교회 Dan Deynes 담임목사 부부

디트로이트에서의 생활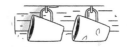

1980년, 나는 다시 미국으로 가야 했다. 선교를 위해 중국을 자유롭게 다니기 위해서는 미국 시민권이 필요했기 때문이다.

미국에 도착하자마자 이민국부터 들렸다. 하지만 시민권은 바로 받을 수 없었다. 미국에 있으면서 외국에 나가지 않고 3년 동안 거주를 해야 한다고 했다.

그래서 1980년부터 1982년까지 미국에서 생활을 하게 되었다.

우리는 전에 살던 랜싱에서 멀지 않은 디트로이트에 다시 정착했다. 그리고 그곳에서 성경공부를 시작했다.

성경공부를 시작하고 얼마되지 않아 우리는 교회 개척을 위해 황치길 장로, 김성문 전도사, 홍대욱 전도사, 장석중 박사와 함께 한마음으로 기도 하였다. 그래서 미국인들이 모이는 교회당을 빌려 개척 교회를 하기로 했다.

모일 장소가 필요해 내가 다녔던 신학교 출신의 미국인 목사가 담임하는 헤이즐파크(Hazel Park)교회에 가서 부탁을 했더니 쾌히 장소를 빌려 주었다. 그 교회가 디트로이트 한인 침례교회였다.

이 소식을 들은 랜싱에 살고 있던 장석중 박사가 집을 사서 사택으로 쓰라고 내 주셨다. 나는 다시 디트로이트에서 사역을 시작하게 되었다.

나는 사역을 하면서 극동방송을 위해 모금활동을 했다. 미국에 있을 때 인연 맺었던 교회와 사람들에게 편지도 쓰고, 직접 만나 극동방송의 역할과 북방선교의 필요성을 강조하면서 인맥이 닿는 곳에는 어디든 달려가 모금을 했다. 물론 그 일이 쉽지만은 않았다.

어느 날 큰 선교대회에 가서 간증을 하게 됐다. 거기에는 미국의 큰교회에 속하는 켄턴침례교회(Canton Baptist Temple)의 담임 목사인 해널드 해니거 박사가 강사로 와 있었는데 그는 김장환 목사님에게도 제일 먼저 매달 50불을 헌금하겠다고 했던 바로 그분이었다. 내 간증이 끝나자 그는 마치 기다렸다는 듯이 물었다.

"우리 교회에 언제 올 거요?"

언제든 찾아뵙겠다고 했다.

그랬더니 날짜 3개를 주면서 좋은 날 교회로 와서 간증을 하자고 해 수요예배에 가서 간증을 했다. 간증 후 선교위원회가 소집되고, 인터뷰가 진행됐다.

"어떻게, 언제 구원의 확신을 가졌습니까?"

"학교 교육은 어디서 받았습니까?"

"어떻게 소명을 받았습니까?"

성실히 답했고, 그들은 다시 회의를 해 매달 50불씩 후원을 약속했다.

흔히들 사역자들은 좋은 마음을 가지고 일을 하면 사람들이 다

알아서 잘 해줄 것이라고 믿는다. 그러나 말을 하지 않아도 알아서 해 주는 곳은 아무 데도 없다. 필요하다고 말하고, 절실하게 말하고, 꾸준하게 말해야 비로소 정말 필요하다고 느끼게 되는 것이다. 어쩌다 한 번 해 보고 거절당하거나 하면 그 일 자체를 포기하게 된다. 한 번 포기한 일은 어지간해선 다시 하기 어렵다. 설사 한두 번 만에 이루어졌다 하더라도 꾸준하게 그 일을 해내는 성실이 중요하다. 모금운동은 이벤트성으로 하다말다 할 성격이 아니라 시간을 두고 꾸준하게 기도해야 성과가 나는 그런 일들 중 하나였다. 마치 나의 인내심을 테스트해 보려는 하나님의 의도처럼 보였다. 어떻게 해서든 나는 그 테스트에 통과하고 싶었다. 그렇다고 내게 인맥이 많은 것도 아니었기에 그저 꾸준하게 찾아다니며 모금의 중요성과 필요성을 어필하는 것 외에 내가 할 수 있는 일이 그다지 없었다.

모금활동은 어려운 일이었지만 나에게 세상을 새롭게 경험하는 좋은 기회였다. 그러면서도 미국 내 많은 교회와 목회자들과 인연을 쌓았으며, 좋은 사람들과 인연을 맺을 수 있는 계기가 되었다.

그 중에서도 특히 생각나는 사람이 있다.

선교대회에서 만나게 된 사람인데, 같은 학교에 다녔던 게 기억이 나서 아는 체를 했다. 그런데 그는 나를 알아보지 못했다. 함께 다닌 학교며 있었던 일들을 이야기하며 나를 아무리 설명을 해도 그는 나를 알지 못한다고 했다. 나중에 알고 보니, 그는 쌍둥이였다. 그의 동생이 나와 함께 학교를 다녔던 것이다. 그런데 그것이 인연이 되어 나중에 큰아들 쟌이 미국에서 공부를 시작할 때 1년 동안 돌보아 주는 인연이 되었다.

하나님은 이처럼 예상치 않은 만남을 통해 다가올 일을 예비해 주시는 놀라운 하나님이셨다.

"나의 하나님이 그리스도 예수 안에서 영광 가운데 그 풍성한 대로 너희 모든 쓸 것을 채우시리라"(빌립보서 4:19).

개척한 지 얼마 안 된 어느 주일에 7명의 미국 교인들이 사전에 말도 없이 교회에 찾아 왔다. 신학교 시절에 1년 동안 설교했던 프랭크린 침례교회 성도들이었다. 그 교회와 우리 교회는 그리 멀리 떨어져 있지 않았다. 그들은 나에게 열쇠 하나를 불쑥 내밀면서 말했다.

프랭크린 침례교회당

"송 목사! 우리는 당신이 개척교회를 시작했다는 소식을 듣고 우리 교회 사람들과 회의를 했는데 우리 교회 건물을 당신에게 주자고 결의를 했소. 그래서 오늘 우리가 교회를 대표해 왔고, 이 열쇠는 우리 교회 열쇠인데 받아 주시오."

'이런 일이 생기다니... 이건 내 뜻이 아니라 하나님의 뜻이리라.'

그 교회는 미시건주에서 두 번째로 세워진 전통 있는 교회로 돌로 지은 아름다운 건물이었다. 의자도 옛날식의 운치 있는 의자에다가 모든 것이 잘 갖추어진 교회로 당시에 25만 불의 가치가 있는 건물이었는데 그걸 그냥 주겠다는 것이다.

나는 들어가서 얘기하자고 했다. 그 때 마침 랜싱에 사는 장석중 박사가 우리 집을 방문했기에 같이 참석했다.

그 대표가 말했다.

"우리 교회는 나이든 사람 10여 명 밖에 모이지를 않소. 그래서 궁여지책으로 교회를 팔아 다른 곳에 선교비를 주기로 합의를 했소. 그리고는 25만 불에 팔려고 내놨는데 도통 팔리지가 않는 거요. 그런데 기도하는 중에 송 목사가 개척교회를 한다는 소식을 받고 송 목사에게 주면 잘 활용 할 것 같다고 해서 그리 결정했소. 근데 우리교회에 17,000불 빚이 있는데 혹시 송 목사가 떠맡을 수 있겠소?"

장 박사가 그 얘기를 듣고 있더니 그 자리에서 수표책을 꺼내 바로 17,000불 짜리 개인 수표를 써주었다. 장 박사는 주님을 위해 모든 것을 헌신할 줄 아는 사람이었다. 결국 그 교회는 아무런 부채도 없는 말끔한 상태가 되었다. 그렇게 해서 그 교회당이 우리 교회당이 되었다.

교인들은 자체건물이 생겼다고 좋아했고, 그 내용의 기사가 신문에 나기도 했다. 교회를 시작하고 정식으로 모임을 하기로 한

이동원 목사와 함께

날, 교회에 방문한 사람이 많았다. 김장환 목사님도 극동방송 어린이 합창단과 함께 방문했고, 이동원 목사도 와서 설교하고, 함석헌 선생도 방문했다.

가수 조영남 씨도 다녀갔다. 나는 처음 한국에 왔을 때 그를 극동방송에서 윤여정 씨와 함께 만났었다. 그 후 미국에 유학 온 그는 플로리다주에서 살았는데 나를 그 집으로 초대한 적이 있었다.

조영남 씨가 내게 장난삼아 한 말이 잊혀 지지 않는다.

"송형은 이해가 안 돼. 고생고생해서 상과대학에서 돈 버는 공부 다 마치고, 왜 신학교에 가서 거지 되는 공부를 또 하는거요?"

그곳은 유대인 마을이라 처음엔 눈에 띌 정도로 차별과 텃세를 부리기도 했다. 자동차가 지나가다가 잔디를 건드리면 교회에 항의를 하러 와서 어쩔 수 없이 우리가 손질을 해주기도 했다.

그러나 뜻밖의 일을 통해 지역 주민들과의 관계가 회복될 수 있었다. 그 동네에는 겨울이면 유독 눈이 많이 내렸다. 덕분에 차가 눈 속에 갇히고 제대로 운전을 할 수도 없는 지경이었다. 그래서 동네 사람들은 눈만 오면 골치가 아팠다. 그런데 그 지역에서 옷가게를 하는 이상웅 집사가 브랑코(Branco) 차 앞에 눈 치우는 장비를 설치하고는 혼자서 새벽부터 예배 시작하기 전까지 교회 앞

뿐만 아니라 그 동네 도로에 쌓인 눈을 모조리 치워줬다. 그러고 나니까 동네사람들이 인사하러 오고 나중에는 아주 친해졌다. 이상웅 집사 때문에 우리는 존경을 받는 사람들이 됐고, 마을 주민들은 교회에 대해 우호적이 되었다. 하나님을 잘 섬기며 주님의 일에 헌신적이었던 이상웅 집사의 가정도 많은 복을 주셨다. 자녀들을 잘 성장하게 하셨고 지금은 두 남매가 변호사로 일하고 있다.

해외에서 교회는 예배처소인 동시에 민족 커뮤니티의 역할도 한다. 해외에서 한국 사람이 위험에 처했을 때 무조건 경찰서로 가는 것보다 그 나라의 법이나 상식을 잘 아는 목사나, 전도사가 동행하는 것이 더욱 안전하다고 생각하다 보니 종종 모르는 분들의 다급한 전화를 받게 되는 경우가 생긴다.

그 날도 예배 준비를 하는 도중에 전화를 받았다.

다급한 목소리로 "대형마트인데 좀 와 달라"는 내용이었다. 워낙 다급해 누구냐고 묻지도 못하고 우선 달려갔다. 달려가 보니 나도 처음 뵙는 중년의 여성분이 도둑 혐의를 받고 있었다. 사연인즉 물건을 고른 후 차에 신용카드를 놓고 와서 카드를 가질러 차에 가면서 구입 하려고 고른 물건을 가지고 나간 사건이었다. 그런데다가 영어를 못하는 분이었다.

이미 경찰까지 출동해 있었다. 나는 경찰에게 목사인 내 신분을 밝히고 여성분의 편에서 상황을 통역하며 자세히 설명하였다. 다행히 사소한 오해에서 비롯된 일로 인정돼, 무혐의로 풀려나게 되었다. 일이 끝나자 이렇게 살았으니 하나님이 계시긴 한 것 같다며 웃으셨다. 그리고 바로 그 주일부터 우리 교회에 출석하게 되셨다.

나는 그날부터 '무조건 돕고 보자'는 전도 방침을 세우고 유학생들 이사와 한국에서 오시는 손님을 맞이하러 공항에 가는 일들...등 여러 가지 일을 힘껏 도왔다. 그러면서 동시에 모금까지 다녔으니 그야 말로 눈코 뜰 새 없이 분주한 나날들이었다.

그렇게 3년 동안을 미국에서 목회를 하면서 극동방송의 북방선교를 위하여 모금활동을 했다. 많은 사람들을 만났고, 북방선교를 위한 다짐과 준비를 차근차근 실행하고 있었다.

늘 아이들을 데리고 모금을 하러 다니던 터라 고생이 이만저만이 아니었지만 엄마 아빠와 함께 있다는 사실만으로도 행복해 하던 아이들이었다.

하나님을 섬기면서 가장 좋았던 것은 아이들이 하나님의 역사하심을 목격할 수 있었고, 또 그 하나님의 역사하심으로 모두 자신의 길을 잘 찾아갔다는 것이다.

그리고 드디어 3년이 지나 시민권을 얻게 되었다.

시민권을 받은 날, 바로 시카고 영사관에 가서 한국에 선교사로 간다고 비자요청을 했다. 대개 한 두 달 걸리는데 나는 그날로 비자를 받을 수 있었다. 내 생각은 온통 시민권을 가지고 중국을 자유롭게 드나들며 북한선교를 할 수 있다는 것에 빠져 있었다. 시민권을 받은 이상 미국에 남아있을 이유가 없게 되었다. 그래서 다음날 바로 한국행 비행기를 탔다.

제 5 장

의로운 오른손으로 붙드시는 하나님

"두려워하지 말라 내가 너와 함께 함이라 놀라지 말라
나는 네 하나님이 됨이라 내가 너를 굳세게 하리라
참으로 너를 도와 주리라
참으로 나의 의로운 오른손으로 너를 붙들리라"
(이사야서 41:10)

중국에서 북한 지역을 바라보며

북방선교활동

1983년, 나는 **북방선교를 위해** 미국 시민권을 받아서 가족을 데리고 다시 한국에 돌아왔다.

그런데 아이들 학교가 문제였다.

한국말을 잘 하지도 못했고, 한글 역시 낫 놓고 기억 자도 모르는 상태였다. 그렇다고 외국인 학교에 보낼 형편도 안 돼 이래저래 마음이 아팠다. 아이들한테 미안했지만 하나님께 그 아이들의 장래를 맡기기로 하고 극동방송 옆에 있는 홍익초등학교에 편입을 시켰다. 그런데 막내 트리샤가 미국에서 1학년을 다니다가 왔으니까 한국학교 1학년으로 들어가야 되는데 1학년에는 자리가 없었다. 결국 2학년에 자리가 있어서 거기에 들어가게 되었다. 그 때 극동방송 중국어 방송 담당 주지호 목사가 말했다.

"차라리 그럴 바엔 중국인 학교에 1학년 자리가 있으니 그 학교에 다니면 어떻겠습니까?"

그의 말에 따라 그곳에 입학을 시켰는데 그마저도 적응을 잘 못해 얼마 다니지 못하고 학교를 그만 두었다. 할 수 없이 홍익초등학교 2학년에 보낼 수밖에 없었다.

처음에는 한글도 모르고, 한국어도 잘 할 줄 몰랐다. 부모로서 아무 것도 해줄 수 있는 게 없었다. 마음만 졸이면서 '오늘도 무사히' 기도하는 것 외에는 달리 방법이 없었다.

하지만 그런 시간을 잘 견뎌서 아이들이 그런대로 학교생활과 한국생활에 조금씩 적응해 가기 시작했다.

　당시 극동방송은 조직이 확장돼 해병대 소장 출신인 임경섭 장로가 제 1부사장으로 국내 담당을, 나는 제 2부사장으로 해외 및 재정 담당을 맡게 됐다. 그 일을 하면서도 나는 북방선교를 위해 온 정열을 쏟았다. 중국의 개방정책에 힘입어 애청자들의 편지가 줄을 이어, 하루라도 빨리 중국에 가서 현지 상황을 알고 싶었다.
　아직은 우리나라와 정식수교 전이라 미국 시민권을 가지고 여행자 신분으로 홍콩을 통해 중국으로 들어가야 했다.

　나는 방송을 듣고, 예수님을 구세주로 믿어 새 생명을 얻었다며 기뻐하는 그들을 하루라도 빨리 만나고 싶었다. 그래서 애청자의 편지 중에서 특히 기억에 남는 몇 통의 편지를 가지고 중국 선교 길을 떠났다. 최대한 기록을 많이 남겨야겠다는 생각에 카메라와 비디오 캠코더까지 가지고 갔었다.
　홍콩에 도착했을 때 극동방송 홍콩지사장과 함께 총영사관실에 들러서 총영사를 만났다. 극동방송 청취자들을 심방하려고 중국에 간다고 하니, 두 사람은 하나같이 극동방송 명함은 가져가지 말라고 충고해 줬다. 중국에서는 극동방송이 블랙리스트에 올라 조사 대상이므로 신분이 노출되지 않도록 조심해야 한다는 조언도 덧붙였다. 그 당시엔 호텔에서 전화기도 뜯어 볼 정도로 보안에 신경을 써야 하는 때였다. 나는 중국에서 그냥 관광객처럼 행동해야만 했다.

생에 처음으로 북경 땅을 밟았다.

가슴이 설레면서 북방선교의 꿈에 한 발작 가까이 다가섰음을
피부로 느낄 수 있었다.

우선 극동방송으로 보내온 편지의 주인공을 만나는 게 급선무
였다. 하지만 내게 있는 유일한 정보는 편지에 씌여 있는 발신인
주소가 다였다.

처음 찾고자 하는 사람은 극동방송을 듣고 예수님을 믿어 새
생명을 얻었다며 손수건까지
보내 온 청취자였다. 그렇지만
어떻게 가야할지는 막막했다.
아는 사람이 아무도 없었다.
누군가 인연이 닿아야 찾아갈
수 있는데, 중국말도 모르고,

중국 청취자가 보내온 손수건

한자도 잘 모르는 상태였다. 거기다 사람들도 중국인인지 조선족
인지 분간을 할 수가 없었다. 물론 나를 알아보는 사람은 더더욱
없었다. 모든 걸 하나님의 뜻에 맡길 수밖에 없었다. 하나님께 안
내할 사람을 만나게 해 달라고 순간순간 간절히 기도했다.

막막함과 설렘으로 북경호텔에 도착했다.

마침 호텔로비에는 한국동포(조선족)처럼 보이는 사람들이 웅
성거리고 있었다. 상황을 알아보니, 오늘 조선족 운동회가 열리는

날이라서 각지에서 많은 조선족 사람들이 왔다고 했다. 난 그들에게 다가가서 미국에서 온 여행객인데, 그 운동회를 관람할 수 있느냐고 물었다. 아마도 그들 눈에는 내 모습이 언론사 기자처럼 보였을 것이다. 그들은 흔쾌히 승낙을 하며, 운동회가 열리는 장소로 나를 안내해 줬다.

운동장에서는 한창 운동회가 진행 중이었다. 그곳에서 많은 사람들을 소개받을 수 있었다. 조선민족 대표라는 사람은 자동차도 2대가 있었고, 사무실과 넓은 아파트도 가지고 있었다.

그리고 K라는 민족시인도 알게 되었고 노래를 하는 사람도 소개 받았다. 가수인 그녀는 또한 춤을 추는 독춤가였다. 남편은 중국 중정 가무단 소속의 독창가로 유명한 사람이었다. 난 그들과 인연을 맺었다.

"여러 곳을 둘러보고 싶은데 안내를 부탁해도 될까요?"

일단 안면을 트고 통성명을 하고 난 뒤에 그들은 나에게 흔쾌히 안내해 주겠다며 친절을 베풀어 주었다.

그 후 북경을 떠나 심양으로 갔다.

나는 가는 곳마다 열심히 사진도 찍고, 비디오 촬영도 했다. 그저 미국에서 온 여행객인 것처럼 행동했다. 그러면서도 나의 발길은 극동방송 애청자가 있는 곳을 향하고 있었다.

심양에서는 주변사람에게 물었다.

"관광객인데, 이 곳 교회를 가고 싶습니다."

그들은 아무런 의심 없이 근처 교회로 나를 안내해 주었다. 그렇게 찾아간 곳이 오애은 목사님이 있던 서탑교회였다. 교회당에 들어갔더니 마침 목사님과 신도들이 있어서 그들과 얘기를 나눌 수 있게 되었다.

한참 얘기를 나누는데, 극동방송 얘기가 나왔다.

그때 한 사람이 나를 보고 물었다.

"혹시 송용필 목사님 아니래요?"

나는 뜨끔했고 순간 깜짝 놀랐다.

"내가 극동방송을 듣는데... 요즘 빌립보서 강의하시디요?"

나는 그때 매일 30분씩 매기성경강해를 방송하고 있었는데, 대답을 어떻게 해야 할지 몰라 잠시 망설이고 있었다.

그 사람은 다그치듯 다시 단호하게 물었다.

매기 성경 강해 청취자 세미나

"맞디요? 목소리가 똑같습니다!"

나는 아니란 말을 할 수 없었다.

"네~ 맞습니다. 내가 송용필입니다. 중국에서는 극동방송 듣는 게 불법이니까 극동방송에서 왔단 말은 안했으면 좋겠습니다."

"여기 사람들은 새벽시간에 극동방송 다 듣습네다. 라디오가 없는 집은 라디오 있는 집에 모여서 같이 듣습네다!"

'아! 이런 일이 있다니.'

정말 깜짝 놀랐다. 나의 신분도 밝히지 않았는데, 내 목소리만으로도 나를 알아봤다. 그러면서 노트 한권을 꺼내 왔다. 그런데 노트를 보니 군데군데 빈칸이 많았다.

"방송할 때 목사님 말씀이 너무 빨라서 설교내용을 다 적지 못합네다. 방송 때 말씀을 좀 천천히 하시라요."

난 순간 전율을 느꼈다.

당시 중국에서는 성경도 구하기 힘들었으니, 방송으로 만나는 성경 말씀이 오죽 귀했겠는가 싶었다. 이렇게 직접 청취자를 대면하니, 이런 생생한 사연도 듣는구나 싶었다. 노트에 중간 중간 끊겨 있는 성경 말씀과 해설들을 보니 너무나 안타까웠다. 그는 중국 곳곳에서 청취자들이 방송을 들으며 성경을 받아 적어 돌려가며 읽는다고 했다.

중국에서

'한국에 돌아가서 방송을 하게 되면 천천히 성경을 읽어야겠다. 여기 중국에서도 쉽게 받아 적을 수 있도록.'

가슴이 뭉클했다. 그리고 내가 얼마나 귀한 일을 하고 있는가가 느껴졌다. 이 일을 하게 하신 하나님께 감격스런 마음으로 감사의 기도를 드렸다.

나는 들고 간 성경책을 꺼내면서 노트를 들고 온 사람에게 말했다.

"내 성경책과 그 노트를 바꾸면 어떻겠습니까?"

나는 한국에 가면 언제든지 성경책을 구할 수 있지만, 당시 중국에서는 성경책 구하기가 하늘의 별따기만큼 어려웠던 때였다.

"아! 정말입네까? 그렇게만 해 준다면 저야 감사하디요."

그는 너무나 감격해 했다. 하나님께서 이렇게 연결해 주시고 역사해 주심을 알고, 함께 흐느끼며 뜨거운 감사의 기도를 드렸다. 이역만리 떨어진 이곳에서도 극동방송을 통해 하나님을 알게 되고, 복음을 믿게 되었다고 생각하니, 방송을 통한 사역이 빛을 보는 것 같았다. 더군다나 복음과는 멀게만 느껴졌던 북방에서 나를 기억해 주는 사람도 있으니, 방송사역의 보람을 더욱 크게 느낄 수 있었다.

몇 년 전 방송 반응을 확인해 볼 수 있는 청취자 편지가 없어 잠시 회의를 느꼈던 일이 부끄러웠고 하나님이 보이지 않게 일하심을 다시 한 번 확인하게 됐다. 인간의 어리석음을 순간순간 깨달을 때마다 나는 더 낮은 곳에서 그분을 섬길 수 있게 되었음을 고백한다.

"하늘이 땅에서 높음 같이 내 길은 너희 길보다 높으며 내 생각은 너희의 생각보다 높음이니라."

또 이사야서 55장 9절 말씀이 다시 생각났다.

피아노를 통한 복음의 전파

벅찬 마음을 안고 심양을 떠나 연길로 향했다.

기차를 타고 이틀이 걸리는 먼 곳이다. 호텔에서 휴식을 취하고 다음 날 또 심방을 갔다.

연길은 편지의 주인공이 있는 곳 중의 하나였다.

간신히 편지 주소지를 찾아갔다.

그 곳에 가니 누군가 낡은 풍금을 고치고 있었다. 한국 같으면 벌써 버릴 만큼 낡은 풍금이었다.

"안녕하십니까? 저는 극동방송에서 온 송용필입니다. 보내주신 편지를 보고 이렇게 찾아왔습니다."

나를 소개하자 그는 깜짝 놀라며 풍금 고치던 손길을 멈추고 나를 쳐다봤다.

"아니 어떻게 이 먼 곳까지 오셨습네까? 죽기 전에 한 번만이라도 만나보고 싶었습네다. 주님이 기도에 응답해 주셨습네다."

그 사람은 반가움에 어쩔 줄 몰라 했다.

그는 중국에 복음의 빛이 더 밝아지길 밤낮으로 기도했다고 했다. 열악한 환경이지만, 복음을 전하는 일념은 누구 못지않게 대단했다. 연길은 성경도 몇 권 있을까 말까한 열악한 곳이었다. 하지만 신앙에 대한 열망과 믿음은 그 어떤 곳보다도 강했다.

낡은 풍금을 고치고 있는 모습을 보니 너무나 안타까웠다. 오지랖 넓은 나의 맘을 말이 대신하고 있었다.

"다음 번 올 땐 꼭 피아노를 가져다 드리겠습니다."

그 자리에서 약속을 했다.

"정말입네까? 고맙습네다. 정말 고맙습네다!"

그 분은 눈물을 흘리며 감격해 하면서 주님께 연신 감사를 표했다.

첫 번째 중국 방문은 그렇게 무사히 마쳤다.

직접 찾아가 보니, 그곳의 열악한 실상과 신앙에 대한 강한 바람 그리고 극동방송의 방송사역의 영향을 제대로 알 수 있었다. 제대로 된 북방선교를 해야겠다는 강한 열망이 생긴 것도 사실이었다.

두 번째 중국 방문을 준비하고 있을 때 한 가지 고민이 생겼다.

바로 피아노였다. 연길에서 피아노를 지원해 주겠다는 약속을 했는데, 사실 구할 길이 막막했다. 그래서 김장환 목사님에게 의논했다. 김 목사님은 주 1회 모이는 극동방송 운영위원회 성경공부 모임에서 그 얘기를 해 보겠다고 했다. 다음 모임 때 김장환 목사님은 운영위원들에게 재미있게 이야기를 꺼냈다.

"송 목사가 중국에 다녀와서 그곳에 찬양이 울려 퍼지도록 피아노를 지원해 주겠다는 약속을 하고 왔는데, 자기는 도저히 구할 길이 없다고 나한테 자꾸 징징댑니다. 누가 피아노 지원해 주실 분 있습니까?"

운영위원들 중에서 7명이 손을 들어서 피아노를 지원해 주겠다고 했다.

각각 1대씩 7대를 중국에 지원해 줄 수 있었다. 꿈만 같았다. 피아노 반주에 맞춰서 중국 성도들의 찬양이 울려 퍼지는 상상을 하니 절로 신이 났다. 그렇게 해서 7대의 피아노를 각각 기증하신 분의 이름을 새겨 홍콩을 통해 중국 교회 일곱 군데에 전달할 수 있었다.

그때가 12월 하순경이었다. 정말 놀랄만한 크리스마스 선물이 되었다. 약속을 지킬 수 있게 된 것은 순전히 하나님의 역사하심이었다. 난 그저 심부름꾼에 불과했지만 그 감격은 온전히 나의 것이었다. 피아노에 대한 사연은 그 이후에도 많았다.

1986년 아시안 게임 땐 당시 신동아그룹의 회장이던 최순영 장로님 부부와 동행해 중국 북경에 있는 교회를 방문한 적이 있었다. 최순영 회장님은 피아노를 기증했던 운영위원 중 한 분이었다.

방문한 교회는 한국에서 보낸 피아노를 받은 교회 중 하나였다. 그 교회 목사님은 한국에서 보내 준 피아노 덕분에 찬송을 맘껏 불렀는데 덕분에 신도 수도 늘었다며 무척이나 고마워했다. 그리고 그 피아노를 보여줬다.

"아니, 이거?"

순간 깜짝 놀랐다. 그 피아노 쇠판에 최순영 회장님과 이형자 권사님 이름이 새겨져 있었다. 그 피아노는 바로 최 회장님이 기증한 피아노였다. 최 회장님은 그 피아노를 보고 너무나 감동받아 피아노를 한 대 더 기증하고 싶다고 했다. 그런 인연으로 중국 연길에 있는 연변대학에 피아노 한대가 더 보내질 수 있었다. 연변대학 체육과에 율동체조를 가르치는 교수가 있었는데 그는 올림픽 대표팀의 체조 코치를 하는 사람이었다. 피아노가 없어서 힘들다는 소식을 듣고 그 곳에 피아노를 보내게 된 것이다.

피아노 선교의 또 다른 결실이 나타난 것은 단동지역을 방문했을 때였다. 그곳에서 한국인 출신 판사를 만났는데 안내하는 친구의 처삼촌이었다. 그 부인은 의사였다. 그 집에서도 며칠 동안 신세를 지며 심방을 했다.

그 집에 딸이 있었는데 조선족 학교에 다니고 있었다. 그 학교에도 피아노가 없어서 그 곳에도 피아노를 지원해 주었다. 이렇게 북방선교의 일선에 피아노를 통해 복음을 전파할 수 있었고, 한국에서도 그 일에 많은 분들이 동참해 주셨다.

풍금을 고치는 모습이 안타까워 약속한 피아노 한 대. 그렇게 작게 시작된 이 일이 지금까지도 정말 효과적이었던 선교로 평가되는 '중국 피아노 선교'의 시발점이 것이다.

당시에는 우연히 미약하게 시작한 일이 창대하게 되었다고 생각했지만, 돌이켜 보면 한 치의 오차도 없으신 하나님의 계획하심이다. 장학금이나, 생필품이었다면 모두에게 혜택이 돌아가지도 않았을 것이고 무엇보다 매우 한정적인 효과를 거뒀을 것이다. 그러나 피아노는 그 수명 자체가 길고, 찬양하는 동안 모두의 귓가와 마음을 울리니 이보다 공평할 수 없다. 시장조사를 한 것도 아닌데 가장 효과적이고, 은혜로운 선교물품을 찾게 된 것이다. 이렇듯 우선 민음으로 나아가면 지혜와 기회도 하나님께서 채워 주심을 나는 피아노 선교를 통해 다시 한 번 확신하게 되었다.

여순 감옥을 가다

중국선교활동을 하면서 위급한 상황도 많았다.

한 번은 백두산 밑에 간 적이 있었다. 근처에 사람들이 모여 밥을 먹고 있었다. 난 그 풍경을 카메라에 담았다. 그런데 갑자기 중국 군인이 엄청 화를 내며 나에게 총을 들이댔다. 그러면서 중국말로 고함을 질렀다. 무엇 때문인지 알 수 없었다.

군인은 곧 방아쇠를 당길 태세였다. 아찔했다. 순간 목숨을 주님께 맡기겠다고 기도했다.

죽을뻔한 백두산에서

뭐라 알아들을 수가 없었는데, 옆에 있던 안내원이 통역을 해 줬다.

"사진을 찍으려면 사람들이 음식을 먹기 시작할 때 찍지 왜 다 먹은 후 빈 접시를 찍느냐? 그것은 당신 나라에 가서 우리를 나쁘게 선동하려는 거 아니냐?"

사소한 행동 하나하나가 다르게 해석될 수 있다는 것을 깨닫게 된 순간이었다.

그 순간 다행히 나의 안내원이 흥분한 군인에게 잘 얘기를 해서 무사히 고비를 넘길 수 있었다. 하나님께서 살려 주신 것이다.

'앞으로는 조심해야지!'

그 안내원은 나를 무척 좋아해서 내가 가고자 하는 곳이면 어디든 안내를 해 주었다.

그 때 한국에서 안중근 의사의 묘를 찾아 달라는 부탁을 받았다. 나는 안내원에게 "안중근 의사의 묘를 찾고 싶은데 어떻게 하면 됩니까?"라고 물었다.

그는 여순 가까운 큰 도시에 감옥이 있고 아마도 그 곳에 안중근 의사 묘가 있을 거라고 말했다. 하지만 그 곳은 군사지역이라서 중국 사람들조차 들어갈 수 없는 곳이었다.

그런데 나를 안내하던 친구는 중정이라고 하는 군대의 가무단 소속이었다. 그 친구는 독창을 하고 부인은 독춤을 추는 댄서였다. 중국에서는 중정 소속의 가무단들은 아무 통제 없이 이곳저곳을 다닐 수 있었다. 그래서 그 친구와 함께 중정에서 왔다고 하면서 통과증을 보여 주니 감옥까지 들여보내 주었다.

중정 독창가는 중국에서는 꽤 영향력이 있는 사람이었기에 가능한 일이었다.

여순 감옥 안에는 죄인들이 쓰는 고깔이 놓여져 있었고 죄수복이 세탁소처럼 걸려 있었다. 형틀을 보니 더럭 겁이 났다. 시커먼 벽엔 안중근 의사의 것으로 보이는 손바닥 찍은 문양을 비롯하여 귀중한 자료들이 많이 보관되어 있었다.

나는 그 자료들을 카메라에 담고 싶었으나, 보안 직원들이 허락하지 않았다. 그 당시 난 기자들이 쓰는 큰 카메라 1대와 비디오 캠코더 그리고 최소형 카메라 한 대를 가지고 있었다.

난 그들에게 큰 카메라와 캠코더로는 찍지 않을 테니, 이 작은 카메라는 찍게 해 달라고 간절히 부탁했다. 그래서 최소형 카메라로 찍는 것을 허락 받았다. 그들 보기에는 작은 카메라가 찍어봐야 얼마나 찍겠는가 싶어 허락한 것이다. 그런데 그 카메라는 작지만 고성능 카메라여서 거기에 있던 자료들을 선명하게 찍을 수 있었다. 카메라를 종류별로 가져간 것이 얼마나 다행인지 몰랐다. 나는 최대한 많이 사진을 찍었다. 한국에 돌아와서 그 사진들은 소중한 기록물이 되었고, 한국일보에서도 2면에 걸쳐서 그 사진들을 보도했다.

 ## 윤동주 시인 묘소를 찾다

여순 감옥을 나온 우리는 주변 사람들이 준 정보를 가지고 안중근 의사의 묘를 찾느라 안동에서 여순을 거쳐 대련을 지나가면서 안중근 의사의 묘소를 찾아보았다. 하지만 묘소는 찾을 수 없었다.

누군가가 용정으로 가면 있을거라 해서 우리는 발길을 용정으로 향했다. 용정은 연길까지 갔다가 거기서 또 북쪽으로 한 참을 가야 갈 수 있는 곳이었다. 안동에서도 이틀 정도를 꼬박 가야할 정도로 먼 곳이었다.

며칠 걸려 용정에 도착해서 여기 저기 묘소를 찾다 보니 누군가가 "저 쪽에 한국사람 묘 하나가 있는데 혹시 우리가 찾고 있는 묘일지 모르겠다"고 말했다. 우리는 알려준 묘로 급히 갔다. 그 묘는 누가 관리를 하지 않아 아주 허름했고 길게 자란 풀밭에 묻혀 제대로 보이지도 않았다.

그런데 나무로 만든 비석에는 '윤동주'라는 이름이 적혀 있었다.

그 당시 나는 윤동주씨가 그렇게 유명한 분인 줄도 몰랐다. 나는 그 묘도 카메라에 담아 한국으로 돌아왔다. 나중에 윤동주 씨의 6촌 동생인 가수 윤형주 장로가 그 소식을 듣고 나를 찾아와서는 사진을 보면서 뭔가를 확인하더니 갑자기 펑펑 울었다. 그렇게 무덤이라도 찾고 싶었는데도 찾지 못하고 막막했는데 이렇게 찾게 됐다고 크게 기뻐했다.

그 후 나는 가수 윤형주 장로와 함께 윤동주 시인이 다녔다는 용정중학교를 가서 학적부를 찾아보았고, 그 일이 신문과 방송에 보도 되기도 했다. 결국 찾으려고 했던 안중근 의사 묘소는 안타깝게도 끝내 찾지 못했지만, 하마터면 영영 묻힐 뻔한 윤동주 시인의 묘소를 찾게 되어 인도해 주신 하나님께 감사했다.

낱권 성경과 라디오

중국에서의 직접적인 선교활동은 그 곳 사람들의 생활상을 알게 해 줬고 좋은 인연을 맺게 하는 계기가 되었다.

방송을 매일 듣던 사람들은 정에 이끌렸다. 나는 청취자가 있는 곳은 다 들르려고 했다. 목소리로 먼저 만난 사람들이라 너무 반가워들 했다. 단고기(개고기)를 해 주는 사람들도 있었다. 이렇게 사는 곳은 달라도 마음으로는 하나님의 말씀으로 하나임을 알 수 있음에 감사했다.

심방을 마치고 돌아 올 때면 그곳 사람들은 이것저것 선물을 챙겨주기도 했다. 명태 말린 것, 고사리 말린 것 등 고향색이 물씬 나는 토속적인 선물들이었다. 너무 많아 집까지 다 들고 오기가 힘들었지만 고마운 마음에 어떻게든 모두 짊어지고 한국에 와서 극동방송 직원들과 나눠 먹곤 했었다.

극동방송을 통한 북방선교는 방송 전파를 통한 선교가 기본이다.

하지만 방송을 듣지 못하는 환경이다. 당시에는 라디오도 그리 많지 않았고 무 소용이 없 네에 1대 정도였다. 겨우 한 동

어느 동네를 방문 했을 때 일이다. 밤이 깊지노 들이 일찍 잠자리에 들었다. 이유는 새벽 3시에 일어 사람 문이라고 했다. 그 시간에 일어나 라디오가 있는 집에 기 때 동방송을 들으며 예배를 드린다고 했다. 극

성경도 한 권 밖에 없어서 성경책을 뜯어 낱권으로 만들어 뒤 가지고 있었고, 찬송가도 몇 장씩 낱장으로 나눠 가지고 있었다. 찬송가를 부르려면 그 장을 갖고 있던 사람을 먼저 찾고 나서야 함께 부를 수 있었다. 성경도 손으로 쓴 것을 가지고 있었다.

그런 모습들을 보면서 내가 정말로 할 일이 많다는 것을 알았다. 그들을 위해서 열심히 방송을 해야 하겠지만, 직접 그들에게 필요한 성경책과 라디오 지원을 위해서도 힘써야 한다는 것을 느꼈다. 그래서 항상 중국에 들어갈 때면 성경책과 라디오를 최대한 많이 들고 가곤 했다.

하지만 라디오도 그쪽 상황과 잘 맞아야 했다.

처음에는 건전지를 넣는 라디오를 갖고 갔다. 라디오는 서울극동방송과 제주극동방송

중국에서 만난 청취자들

널을 고정시켰다. 서울극동방송은 주파수가
만 들

AM11 방산 송신소에서 전파를 쏘고, 제주극동방송

M1566으로 제주에서 전파를 쏜다. 방송 내용은 다

북한 전역, 중국 전역, 몽골, 당시 소련과 일본을 향

라말로 아주 강력한 출력으로 방송을 보내고 있었다. 하

라디오는 배터리가 다 소모되면 더 이상 쓸 수가 없었다.

에서는 배터리를 구하기가 힘들고 값 또한 그들이 사기에는

무 비쌌다.

그래서 다음엔 배터리 없이 태양열로 충전해 들을 수 있는 방식

의 태양열(Solar) 라디오를 가지고 갔다.

태양열 라디오를 받은 지도자들이 한 자리에 모였다.

"목사님! 이 라디오는 별 효과가 없습네다!"

"왜요?"

"우리는 새벽 3시에 방송을 듣는데, 새벽 3시에 해가 뜹네까?

이건 그냥 장난감에 불과합네다. 하하하"

아뿔사!

기가 막혔다. 고심고심 끝에 어렵게 제작한 라디오인데… 그러나

그 분들의 말이 사실이었다. 결국 가져간 라디오는 안내하는 사람에

게 주었다.

나중에는 자가 발전식 라디오도 만들었다. 라디오에 발전시설

을 만들어 손으로 돌리면 충전이 되는 것이다.

복음을 전할 유일한 매체였으므로 라디오를 보급하는 일은 계

속 진행되었다. 지금은 다행히 여건들이 좋은 환경에서 라디오를 들을 수 있게 되었다.

북방선교 정보

연길대학의 방송국에 가서는 대학에서 방송국장을 만났는데, 비가 제대로 없어서 방송하기가 힘들다고 했다. 처음에는 순복음교에서 방송용 카메라를 주려 했는데, 시스템이 맞지 않아서 사용하지 못했다고 했다. 그래서 거기에 맞는 PAL방식 카메라를 홍콩에서 구입해 주었다. 그 사람은 연길에서 심양까지 와서 직접 그 카메라를 받아갔다. 너무나 감사하다며 복음을 전할 수 있는 길도 만들어줬다. 그 후 그 사람은 연변대학 부학장이 되었다.

이 모든 일이 중국선교에 좋은 디딤돌 역할을 했다.

1980년대 중국은 우리나라의 50년대 모습을 보는 것처럼 궁핍한 삶이었다. 그 당시의 생활들이 떠올라 마음이 더 짠해지곤 했다. 하지만 인심만큼은 후했다.

어느 날은 너무 급한 나머지 무작정 화장실에 갔더니 문도 없는 곳에서 여자가 볼 일을 보고 있었다. 놀라서 뒤돌아 나오며 죄송하다고 했더니, "일 없습네다"라고 했다. 중국에서는 남녀 화장실이 개방식이라서 함께 볼 일을 보는 일이 흔한 일이었다. 그 곳의

사는 것이 필요함을 느꼈다.

문화를 ...
...중국에 자주 다닌단 얘기를 듣고 당시 중앙정보부
한번 ...
에서 ...을 통해 요청을 해 왔다.
...면 주체사상 책을 하나 구해다 주십시오."
... 서탑교회에 가서 물었다.
...시 북한 영사관 사람들과 연결이 됩니까?"
...그러믄요."

자기네들은 늘 연락하며 산다고 했다. 그래서 주체사상 책을 구
할 수 있냐고 물었더니 얼마 되지 않아 북한영사관 사람들이 그
책을 가지고 교회에 왔다. 그 사람들은 내가 미국에서 온 줄 알고
무척 반가워했다. 나는 혹시 북한선교에 대한 어떤 정보를 들을까
싶어 흥분이 되었다.

우리는 불고기를 먹으면서 이야기를 나누었는데, 내가 그 책을
구하는 것을 좋아라했다. 또 필요하면 언제든지 말하라고 하면서
내게 물었다.

"고향이 어디십네까?"

"아, 네. 함경남도 장진군입니다."

"그래요? 다음에 동무가 오시면 장진에 모시고 가겠습네다."

근데 그 말이 그리 반갑지는 않았다. 선뜻 감사하다는 말을 할
수가 없었다.

그 곳에 가면 다시 한국으로 돌아올 수 없을 것 같은 예감이 들
었기 때문이었다.

그 사람들과 헤어진 후 북한에서도 중국처럼 극동방송이 잘 들릴까 궁금해 서탑교회 사람들에게 물었다.

"혹시 내가 라디오나 텔레비전을 사 드리면 북한에 보낼 수 있나요?"

"그럼요. 북한에 들어가서 사카린 장사를 하는 사람들이 있는데, 그 사람들한테 보내면 됩네다. 고 사람들은 아침에 북한에 갔다가 저녁 때 중국으로 되돌아 옵네다."

"사카린 장사요?"

"북한은 감자를 쪄서 끼니로 먹는 사람들이 많은데, 사카린을 감자 끓이는 솥에 넣어 삶으면 감자가 달달해집니다. 그래서 사카린은 없어서 못 팔 만큼 불티나게 팔리디요. 순식간에 팔아치우고 돌아 옵네다."

나는 중국 프랜들리샵에서 달러로 자그마한 텔레비전 하나와 라디오를 샀다. 그리고 서탑교회에 가서 소개받은 장사하는 사람들을 만나 부탁했다.

"북한에 가서 한국 방송이 보이고 들리는지만 확인하고 아무에게나 주고 오십시오."

나는 부탁과 함께 수고비도 챙겨 줬다.

그 후 만나 확인해 봤더니 국경을 넘을 때 T.V.채널을 납으로 고정시켜서 한국방송을 볼수 없었다고 했다.

얼마 후 귀국하기 위해 홍콩으로 돌아와 극동방송 홍콩 지사장 켄로우씨를 만났다.

그는 심각한 표정으로 중국말로 써진 종이와 그것을 번역한 종이를 주면서 읽어 보라고 했다.

"잔 송(John Song=내 영어 이름이다)이라는 사람이 중국에 와서 라디오를 나눠주고 모니터링을 하라고 하면서 조선족들한테 '여러분들은 중국에서 해방이 되어야 합니다' 라고 하고 있다. 그는 선동자이니 조심하라."

어이가 없었다. 나는 그런 얘기를 한 적이 없었는데 누군가가 허위사실로 고발을 한 것이었다.

켄로우 지사장이 말했다.

"당신은 이제 중국 공안의 블랙리스트에 올랐으니까 중국에 그만 가는 게 좋을 것 같소. 이제 가면 체포 될 거요."

중국 선교를 가로막는 장벽이 생긴 셈이었다. 하지만 오해는 풀어질 거라는 믿음으로 하나님께 기도했다. 아무 일 없게 해 달라는 간절한 요청이었다. 어떤 일을 하다보면 예기치 않은 벽과 마주치게 된다. 그 때 그 벽은 내가 얼마나 간절하게 원하는지를 시험하는 잣대가 되기도 한다. 그 벽을 넘어 해야할 일을 해 냈을 때의 기쁨은 그 어느 것과도 바꿀 수 없는 귀한 선물이기 때문이다.

그런데 정말로 하나님은 우리가 예상이나 생각하지 못할 때에 이미 계획을 세워 놓으시고 그 일을 이루시기 위해 어떤 일을 통해 우리를 이끌어 가시는 분이시다.

88올림픽이 성공적으로 끝나자 정부에서는 언론사의 수고에 감사하는 마음으로 언론사 대표 중심으로 14명을 러시아 시찰에 보내 주었다. 그 때 김장환 목사님은 바쁜 일정이 있어 극동방송 대표로는 당시 부사장이었던 내가 가게 됐다. 내겐 북방선교를 위한 전략을 세우는데 좋은 기회였다. 그때도 극동방송이나 아세아방송의 출력이 강해 북한, 중국, 러시아, 몽골, 일본, 심지어 유럽의 일부 지역에서도 방송을 청취할 수 있었고 유럽에서는 청취 카드도 보내주었다.

우리 일행이 사할린을 거쳐, 하바로브스크, 이루쿠즈크, 모스크바, 래닌그라드, 우즈베키스탄, 타쉬켄트를 거쳐 카자흐스탄의 수도 알마타에 도착해 호텔에 있을 때였다.

로비에서 전화가 왔다. 어떤 청년이 나를 만나고 싶어 사할린에서 찾아 왔는데 만나겠냐고 했다.

나는 의아했다. 아는 사람이 한 사람도 없는 러시아인데 누굴까 궁금해 로비로 내려갔다.

한 청년이 있었다. 한국 사람처럼 보였다.

그는 자기가 찾아온 이유를 말했다.

"저는 사할린에 사는 사람입니다. 평소 극동방송을 듣는데 목사님이 이번에 사할린에 오신다는 말을 방송에서 듣고 목사님을 기다렸는데, 만나지 못해 수소문을 하니 오늘 즈음에 알마타에 계실거란 말을 듣고 비행기로 급히 날아왔습니다."

나는 무척 놀랐다. 사할린에서 극동방송을 듣는 청취자를 만난 것도 놀라웠지만, 무슨 일이기에 이 청년이 사할린에서 그 먼 반대쪽의 이 지역까지 급히 왔는지도 궁금하고 놀라웠다.

그 청년의 사연은 이러했다.

"제 아버지는 충청도 대전 근방의 시골에서 살았는데, 어느 날형과 함께 밭에서 일을 하고 있을 때 일본 군인이 총을 들이대면서 강제로 끌고가 군인이 돼 사할린까지 끌려 왔습니다. 그 때 형은 결혼을 했고 제 아버지는 아직 미혼 때였습니다.

그러다 해방을 맞게 되었고 그 때 북한으로 가던지 한국으로가던지 선택해야 하는데 두 분 다 사정이 여의치 않아 그냥 사할린에서 살았습니다.

그 때 그 분들은 강제로 두가지 일 중에 하나를 선택해야 했습니다. 바다에서 고기 잡는 일을 하던지, 탄광에서 석탄 캐는 일을하던지요. 두 분은 고기 잡는 일을 선택했습니다.

그런데 그 곳은 추운 지방이라 겨울에는 바다도 꽁꽁 얼어붙어있어 책임량의 고기를 잡으려면 쇠뭉치나 폭탄으로 얼음을 깨야했습니다. 폭탄으로 얼음을 깨려다 형, 그러니까 저의 큰 아버지는양 팔과 양 다리가 다 떨어져 나가게 돼 병원에 입원을 했으나 돌아가실 만큼 중상이었습니다.

조카인 제가 병간호를 했는데 큰 아버지는 저에게 한국 대전 근방에 사촌형과 누이가 살고 있으니 꼭 찾아보라고 하시면서 주소와 이름을 알려주고 임종을 하셨습니다. 끌려올 때 큰아버지는 결혼해 1남1녀를 두고 있었고 아버지는 사할린에서 어머니를 만나 결혼 하셔서 저를 낳으셨거든요.

그래서 기나긴 편지로 사연을 써서 한국에 나가는 사람에게 한국에 있는 큰 어머니 가족이나 신문사나 방송국에 꼭 좀 전해달라고 부탁했습니다. 제 사연이 조선일보에 실렸고, 다행히 부모님을 아는 분이 그 기사를 읽고, 큰어머니에게 전해줬고 큰아버지의 아들인 제 사촌 형한테서 신문 복사본과 편지를 받을 수 있었습니다.

그 형은 지금 미국 텍사스 휴스턴에 산답니다. 그러나 이곳에서는 연락 할 길이 없어 기도했는데 마침 목사님이 사할린에 오신다는 방송을 듣고 목사님을 찾아 왔습니다. 제 형네 가족과 만날 수 있게 목사님이 좀 도와주십시오."

마음이 안타까웠다. 그는 편지와 신문 복사본을 내게 내밀었다. 그 편지에는 미국 전화번호가 있었다.

난 바로 그와 함께 호텔 내방으로 가서 미국에 전화를 걸었지만 6시간을 시도해도 전화 통화가 되지 않았다.

그래서 나는 그 청년에게 한국에 가서 최대한 찾을 것이고, 찾으면 연락도 하고 극동방송에서 방송도 할 테니 계속 방송 시간을 맞춰 극동방송을 들으라고 얘기하고 헤어졌다.

우리 일행은 다시 모스크바와 하바로브스크를 거쳐 일본 나가다 공항에서 비행기를 바꿔 타고 한국으로 와야 했다. 그런데 나가야 공항에서 한국행 비행기를 바꿔 타기 위해 4시간을 기다려야 했기에 공항에서 미국에 전화를 했다.

마침 꼬마가 받아서, 아빠나 엄마를 바꿔 달라고 했더니 아빠와 엄마는 일하러 나가셔서 안 계신다고 했다.

"너 혹시 러시아에 너희 친척있다는 말을 아빠한테서 들었니?"

"네. 들었어요."

"난 이번에 사할린에서 너희 친척을 만나고 온 사람인데 내가 전할 말이 있거든. 한국 가서 연락할 테니 아빠한테 말해주렴."

"네."

난 한국에 도착해 다시 미국에 전화했다.

드디어 그 형이 전화를 받았다. 전후를 말하니 형은 한참을 엉엉 울면서 바로 한국에 오겠다고 말했다. 그 아들에게 어머니 전화번호를 받아 대전 근방에 계시는 그 어머니에게도 전화 드렸더니 대성통곡을 하셨다. 그 어머니는 딸과 함께 살고 있었다.

며칠 후 그 아들과 그 어머니가 서울 극동방송을 찾아와서 우리는 인터뷰를 하고 방송에 내 보내고 그들이 직접 만나게 주선해 주었다.

참 가슴 아프면서도 한가족의 귀중함을 깨닫고 보람을 느꼈는데... 주님은 그 영혼과 만나게 하기 위해 나를 러시아에 보내셨구나.....라는 생각이 들어 더 그 일이 귀하게 여겨졌다.

그런데 놀랍게도 주님은 주님의 일을 거기서 끝내지 않으셨다.

그 과정에는 하나님의 놀라운 섭리가 있었다.

사할린에 갔을 때, 사할린에서 몇 시간 떨어진 지역에 소련이 자유주의 국가에서 들어오는 방송 전파를 방해하기 위해 세운 출력이 아주 강한 방송국을 싸게 판다는 정보를 듣게 됐다.

만약 그 방송국을 우리 극동방송이 구입해 복음을 전한다면 러시아는 물론이고 북한과 중국, 몽골, 일본 전 지역이 선명하게 방송을 들을 수 있다는 것을 알게 되었다.

극동방송 일본지사에 의견을 물었더니 대환영이었다.

나는 하나님께 그 방송국 구입의 필요성과 구입할 수 있게 인도해 주시길 기도하고 김장환 목사님께 보고했다. 즉시 미국본부와 상의가 이루어졌고, 그 방송국을 구입하기로 결정했다.

그런데 계약을 하기 위해 회의를 할 때 마다 구매가를 점점 더 높이 요구해 재정 부담에 어려움을 느끼게 됐다.

우리는 다시 기도와 회의를 하면서, 하나님의 뜻이 무엇인지 물었다.

그 때 1991년 10월 영국 쉐필드에서 전 세계 극동방송 책임자 회의가 열렸다.

그 회의에서 김장환 목사님의 발의로 FEBC-러시아를 세우기로 결의하고, 1992년 3월15일부터 하바로프스크의 POR-8이라는 방송망을 빌려 하루 한 시간씩 한국어와 러시아어로 복음방송을 보내기 시작했다. 그러면서 러시아 극동방송 설립을 위해 서울 극동방송 마당에서 특별기금마련 바자회를 열었는데 청취자들의 큰 호응이 있었다. 이 바자회의 그 수익금과 한국도자기 이의숙 권사님의 5천만원 특별헌금이 기초가 되어, 1992년 9월12일 현지에서 러시아 극동방송 사옥 기공예배를 드리기에 이르렀다. 하지만 그 후에도 당시 러시아의 열악한 경제 형편 때문에 자재와 인력 수급이 원활치 못해 공사가 자주 중단 되었고 준공 예정일도 연기 되는 등의 우여곡절 끝에 1995년 6월 1일 드디어 완공 될 수 있었다.

  헌당식 때 김장환 목사님이 "이 건물은 러시아, 미국, 한국 성도들의 기도와 믿음으로 지어진 열매입니다. 또한 하나님이 이웃을 사랑하기 때문에 지어진 열매입니다"라고 말씀 하셨는데, 그 때의 뜨거운 감사가 지금도 잊혀지지 않는다.

극동방송 하바로프스크 지사 기공식후

마치 사무엘상 9장에 보면 하나님께서 청년 사울에게 사무엘을 만나게 하기 위해 집안에 있던 귀한 암나귀를 잃게 하여 암나귀를 찾으러 3일 길을 가게 해 사무엘을 만나게 하시고 왕이 될 것을 예언 받게 하심과 같은 경우라는 생각이 들었다. 그 후 지금 내가 예상하지 못한 사이에도 하나님은 하나님과 나를 위해 무엇인가를 준비하고 계시고 그 일을 위해 오늘의 일을 이끌어 가신다는 믿음을 더욱 확신하게 되었다. 정말 하나님은 놀랍게 일하는 분이시다. 나의 짧은 생각으로 어찌 광대하신 하나님의 생각을 알랴... 묵묵히 하루하루 하나님의 인도를 받아 살아가는 것이 가장 빠른 인생의 지름길이라는 것을 아는 좋은 기회가 되었다.

그리고 그 때에 로마서 5장3절에서 4절 말씀이 떠올랐다.

"다만 이 뿐만 아니라 우리가 환난 중에도 즐거워하나니 이는 환난은 인내를, 인내는 연단을, 연단은 소망을 이루는 줄 앎이로다."

나는 그 자리에 엎으려 그간의 고난과 연단을 허락하신 하나님께 감사드렸다. 그리고 앞으로는 더욱 담대하게 모든 과정을 기쁨으로 견딜 수 있게 해달라고 간절히 기도드렸다.

 한 트럭의 방송테이프를 얻다

한국으로 돌아온 지 얼마 되지 않아 한번은 새한미디어에서 방송용

테이프를 대량으로 지원받게 되었다.

그 당시 새한미디어 사장은 삼성그룹 이병철 회장님의 둘째 아들이었다. 그 분의 두 아들이 디트로이트의 Wayne State University에 다닐 때 내가 목회하는 교회에 출석한 적이 있었다. 아들이 교회 나오면서부터 달라졌다고 부모님들이 기뻐하며 극동방송으로 감사인사를 왔었다.

그 회사는 부천에 공장이 있었는데, 초대되어 견학을 갔는데, 미디어 회사라 방송테이프도 제작하고 있었다. 그는 뭐든지 필요한 게 있으면 요청하라고 했다. 난 방송용 테이프가 필요하다고 했더니 알았다며 다음날 바로 테이프를 가득 실어 보냈다. 그 이후로 극동방송에서는 테이프를 재활용하지 않아도 됐다. 미국에서 온 테이프는 방송이 끝나면 신학대학교로 보내주었다. 영어 원본 테이프라서 신학교에서는 더없이 좋은 영어교재가 되었다.

 방송 이야기

지금 극동방송에서 매일 30분씩 방송되고 있는 '매기성경강해'는 전 세계적으로 청취율이 높은 프로그램으로 5년 동안 성경 전체를 공부한다.

나는 미국에 있으면서 그 프로그램을 한국어로 번역해 방송하면 좋을 것 같아 캘리포니아에 있는 'THRU THE BIBLE' 본부에

가 J. V. 매기 박사님을 만났다. 'Open Door Church'의 담임목사님이기도한 매기 목사님 선교 사무실에 갔을 때 그 분이 쓰던 강대상을 봤는데, 지금도 그 강대상에 적힌 글씨가 기억에 또렷이 남아 있다.

"Sir, I would see Jesus!"

(설교자여, 내게 예수님을 보여주소서!)

나는 설교를 준비할 때 그 강대상의 글을 연상하며 성경에서 예수님만을 증거하기에 힘쓴다. 메기 박사님은 탈보트신학대학원과 같은 재단인 바이올라대학교에서 40년 동안 가르쳤다.

내가 'THRU THE BIBLE'을 한국 극동방송에서 한국어로 방

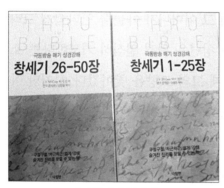
메기 창세기 강해집

송하자고 제안하자 그 분들이 더 좋아했다. 처음엔 내가 방송을 진행하다가 지금은 김성근 목사가 진행하고 있는데, 벌써 20여 년이나 됐고 청취자들이 은혜받는 것을 볼 때마다 나는 그 때의 제안에 큰 보람을 느낀다.

방송을 듣고 예수님을 믿게 됐다는 소식을 들을 때마다 내 마음에는 큰 감동이 솟아난다.

어느 날 미군 병사가 감옥에서 극동방송을 듣고 편지를 보내왔

다. 그는 택시를 타고 가다 3천원을 뺏기 위해 택시강도를 하였고, 체포돼 16년 형을 받고 천안에서 옥살이를 하고 있었는데 극동방송 영어방송 프로를 듣다가 예수님을 구세주로 영접해 구원받게 됐다고 편지를 보내왔다.

나는 그를 만나기 위해 면회를 갔다. 맨 처음 천안 교도소에 갔을 때는 면회실에서 잠깐 만날 수 있었지만 그 후에는 소장이 자기 방에서 만나게 해 주었다. 그는 착해 보였고, 그의 잘못에 대해 크게 뉘우치고 있었고, 교도소 내에서 복음을 전하고 있었다.

나는 김장환 목사님과 상의해 그가 필요로 하는 것 그리고 교도소에서 필요로 하는 약간의 체육시설을 지원했다. 그는 미국 노스캐롤라이나가 고향이었는데 그 어머니가 아들을 안타깝게 그리워하며 출석하는 교회에서 이 청년을 위해 열심히 기도한다는 소식을 듣고, 미국에 출장 갔을 때 그의 고향을 찾아갔다. 하지만 아버지와 어머니는 이혼한 상태여서 아버지는 만나지 못하고 어머니만 만났고, 그가 출석하는 교회에 가서 담임목사님과 성도들을 만났다.

그들은 애타는 마음으로 그 청년을 위해 간절히 기도하고 있었기에 나의 방문을 매우 반가워하며 환영해 주었다. 나는 그 청년의 근황을 알려줬고 그들은 내가 방문한 것에 감사한 마음을 담아 쓴 편지에 교인들이 모두 싸인을 해서 나에게 보내 주었다. 참으로 보람된 방문이었다.

극동방송에선 그 청년의 간증을 영어 전도지로 만들어 외국인들이나 미8군 군인들에게 건네주었다. 방송은 건물의 막힌 담도 뚫고 들어갈 뿐만 아니라, 우리가 쉽게 갈 수 없는 휴전선으로 가로막힌 북녘 땅의 막힌 담도 뚫고 가며, 무엇 보다도 죄로 막힌 두터운 마음 담도 뚫고 들어가 예수 그리스도를 통한 영생을 전하며 사람을 변화시킨다. 그러므로 더욱 방송 선교를 나의 사역으로 생각하고 기도와 물질로 동역해야 한다고 다짐하게 되었다.

 # 큰 아들 쟌을 미국에 보내다

어느 덧 아이들도 초등학교에 입학하여 학업에 충실해야 할 때였다. 큰아들 쟌이 중학생이 되었고, 한참 사춘기를 맞고 있었다. 쟌은 유독 심하게 사춘기를 겪었다. 그에 비해 둘째 수잔과 막내 트리샤는 좀 나았다.

막내 트리샤는 워낙 낙천적이었다. 처음 한국에 왔을 때 초등학교 2학년에 들어갔는데, 한국말도 서툴고, 한글을 몰라서 성적이 항상 좋지 않았지만 대수롭지 않게 여겼다.

어느 날은 막내가 성적표를 받아 왔는데, 60명 중에 59등이었다. 경비아저씨가 성적표를 보더니 한 마디 했다.

"야, 공부 좀 잘하지 그러냐, 성적이 꼴찌네."

그 말에 막내가 천연덕스럽게 웃으며 대답했다.

"아저씨, 그래도 우리 반에 나보다 바보가 한 명 더 있어요."

당당하게 말하며 조금도 부끄러워하지 않았다. 그 모습에 우리도 조금은 마음이 편해졌다. 한글을 모르니 성적이 나오지 않을 수밖에 없었고, 한글을 익히면 자연스레 해결될 거라 생각했기 때문이었다.

그러던 어느 날, 아들 쟌이 사무실 내 방을 찾아와 눈물을 글썽이며 말했다.

"아빠, 저 미국에 보내 주세요. 비행기표 하나만 끊어 주면, 미국 가서 아르바이트라도 하면서 공부하고 싶어요."

쟌은 무조건 학교 가기가 싫다고 했다. 그 날도 핑계를 대고 학교에서 조퇴하고 몰래 집으로 오다가 내게 발각이 된 것이다.

"그럼, 어디서 자고, 먹고 살려고 그러니?"

"잠은 침낭을 하나 사서 아르바이트 하는 곳에서 자고…"

마음이 무너지는 듯 했고, 쓰리고 아파왔다. 왈칵 눈물이 쏟아졌다. 그 동안 나는 선교한다고 뛰어 다니기만 했지 아이들한테는 아무 신경도 쓰지 못했다. 아이들에게 무심했던 생각에 무척이나 미안했다.

생활이 어렵지만 힘들어하는 쟌 만큼은 기도하면서 미국에 보내야겠다고 생각했다. 밥존스대학교에 전화를 했다.

밥존스대학교는 유치원부터 대학원까지 있는 곳이다. 하지만 중학교 1학년이었던 쟌은 9학년이 되어야 기숙사에 들어갈 수 있었다. 성적도 좋지 않았다. 나는 쟌에게 성적을 올리면 내년에 미국에 보내 주겠다고 약속했다.

쟌은 그 말을 듣고 정말 열심히 공부했고 얼마 후 나는 쟌을 밥존스중학교에 보낼 수 있었다. 그러나 1년을 기다려야 기숙사 입소가 가능했다. 당시는 하숙집을 구할 수 있는 형편이 되지 못했기 때문에 쟌이 머물 수 있는 곳을 구해야 했다.

나는 하나님께 쟌이 갈 곳을 정해 달라고 기도하면서 나를 후원하는 분들에게 보내는 기도 편지에 기도 제목으로 올렸다.

그랬더니 갑자기 언젠가 미국 선교대회 때 만났던 내 신학교 동창의 쌍둥이 형이 자기 집에서 1년 정도 지내도 괜찮다는 연락을 줬다. 이럴 수가! 실수로 스치듯 만난 사람이 나의 기도 동역자가 됐고 결국은 쟌의 인생에 큰 역할을 하게 된 것이다.

하나님 안에서는 쓸데없는 일, 헛된 일은 하나도 없다. 하나님은 그렇게 한가한 분이 아니셨다.

쟌은 신학교 동창 형네 집에서 1년을 지낸 후 밥존스중학교 기숙사에 들어갔다. 처음 한국에 들어올 때 6학년이었던 쟌이 혼자 미국으로 간 것이다.

극동방송은 내게 꿈과 희망을 준 곳이다. 북방사역을 위한 전초기지였으며, 하나님의 일을 하는 신성한 곳이었다. 그랬기에 근무조건에 대해 사회적인 기준을 적용하지 않았다. 극동방송 부사장으로 있었지만 딱히 입사날도 없었고 퇴사날도 없었다.

미국에서의 생활을 정리하고 처음 한국에 올 때 아내와 아이들은 잘 따라줬다. 그래도 속으로는 2년마다 6개월 정도는 안식년을 보낼 수 있어서 미국에도 자주 갈 수 있을 것이라고 생각했다. 그런데 2년을 보냈지만, 쉽사리 시간을 낼 수 없었다. 매일 방송 일정이 있었고, 부사장으로서 행정일을 하면서 후원하는 사람들도 만나야 했고, 설교와 통역, 모금활동도 해야만 했다. 하지만 그 일을 하는 내 마음만은 언제나 평안했다.

안식년이 적용되던 그 시기엔 상황이 더욱 힘들었다. 그 때 나

방송 녹음실에서

는 매일 "Our Daily Bread"와 "매기 성경강해"를 방송하고 있었다. 그래서 협의를 한 것이 출국 전 6개월 방송 분을 미리 녹음하고, 미국에 가면 더 열심히 모금활동을 한다는 조건으로 미국에 다녀오기로 했다. 하지만 녹음은 한계가 있었다. 결국 한달 분 녹음을 마치고, 한 달 동안 미국에 다녀올 수 있었다. 약속을 제대로 지켜주지 못하는 가족들에게 많이 미안했다.

 ## 나는 그런 통역은 안 합니다

극동방송에서 나의 역할은 부사장으로 행정업무와 방송목사로 방

송업무를 하는 것이었다. 그 외에도 외국 목사들이나 명사들이 방문하면 통역을 하는 일 또한 나의 주된 업무였다. 그러한 일들은 쉼 없이 이어지고 있었다. 특히나 대규모 집회나 외국의 유명한 목사님들의 방한이 있는 날이면 더 분주했다.

그러던 어느 날, K신문의 주필이었던 김 장로가 극동방송에 방문해 김장환 목사님을 찾았다. 외국에서 온 어떤 분의 집회에 통역을 부탁하기 위해서였다. 그런데 김 목사님도 그렇고, 나도 필리핀에 다녀와야 하는 일정이 있어서 통역을 할 수 없었다. 대신에 다른 목사를 소개해 드렸다. 그 이후로 그 집회는 앵콜 집회를 한 번 더 하게 되었는데, 이번엔 김 장로가 직접 나에게 찾아와서 부탁했다. 쉬이 거절을 못하는 성격인지라 이번엔 내가 직접 통역을 하기로 했다.

통역하기로 한 날 인천 송도호텔에 묵고 있다는 그 목사를 만나러 갔다. 그는 무척 반가워하며 나를 맞이했다. 머리가 하얀 백발의 노인이었다.

'이 목사가 그렇게 유명한 사람인가 보네.'

그래도 통역을 하려면 사전에 설교 내용을 알아야겠기에 조심스럽게 물었다.

"오늘 무슨 말씀을 하실 겁니까?"

그 목사는 비서에게 종이를 가져 오라고 했다. 종이에 적힌 내용을 보니, 천사 이름이 가득 적혀 있었다.

"천사들 이름이 이렇게 많았나요? 성경 어디에서 찾은 천사들입니까?"

내 질문에 그는 당당하게 자신이 직접 만난 천사들이라고 했다. 그 말을 듣고는 '이건 아니다' 싶었다.

"내가 믿는 것과 목사님이 믿는 것이 달라서 오늘 통역은 못 하겠습니다."

거절의 뜻을 밝힌 후 일어섰다. 그랬더니 그 목사는 급하게 나를 붙잡더니 말했다.

"이사야서 내용으로 설교 하겠소" 하면서 반드시 통역을 해 달라고 부탁했다.

결국 나는 통역을 하기로 했다. 하지만 그가 어떤 내용으로 이사야서를 설교할지도 의문이었다.

설교 직전에도 그의 설교 내용을 가지고서 한참 동안 실랑이를 벌였다. 성경 창세기 3장 1절에 나오는 뱀의 존재에 관한 내용이었는데, 그는 뱀은 피조물이 아니라고 주장했다. 창세기에 분명 뱀이 피조물이라는 말씀이 있는데도, 그는 엉뚱한 논리로 반박했다. 그렇게 실랑이를 벌이다가 예정된 시간보다 1시간 늦게 집회가 시작되었다.

그 곳에는 3,000여 명이 모여 있었다. 그 사람은 이사야서를 설교한다고 해 놓고선 비성경적인 이야기를 했다. 나는 성경에 어긋나는 내용은 단 한마디도 통역하지 않았다. 대신 내가 믿는 바대로, 성경에 근거한 메시지만을 전했다. 결국 두 편의 메시지가 한 강단에서 동시에 나가는 초유의 사태가 전개된 것이다.

그렇게 설교가 진행되자 결국 항의가 들어왔다. 한 남자가 내가 서 있는 단 앞까지 와서 큰 소리를 쳤다.

"아니 왜 설교하는 목사님과 내용이 다릅니까?"

더 이상 이대로는 통역을 진행할 수가 없었다.

"이 목사가 설교하는 것이 성경과 맞지 않아 더 이상 통역을 못하겠으니 당신이 하시오."

그 길로 나는 단에서 내려왔다. 순간 모였던 사람들이 여기저기 술렁이기 시작했다.

나는 돌아와 극동방송을 통해 5분간 현장 상황을 설명했다.

"가짜 안에 진실이 조금 섞여 있어서 우리는 속게 됩니다. 속지 마십시오."

진실을 말하고 싶은 나의 마음을 담아 속지 말라는 내용으로 방송을 했다.

이단이 무엇인가?

한자로 푼다면 '끝이 다르다'는 것이다. 부분적으로는 맞을 수 있으나 온전한 진리가 아닌 것이다.

이후에 그 상황은 큰 사건이 되어 신문과 잡지에도 크게 보도가 되었다. 그 후 어떤 사람들은 전화를 해서 "뭔가 꺼림직 했는데, 의구심이 풀렸다"고 했고, 어떤 이는 "야, 이놈아, 내가 은혜를 받았다는데 니가 왜 난리야?"라며 욕설을 하는 사람도 있었다. 결과야 어찌되었건 나는 아닌 건 아니라고 할 용기와 믿음을 보여줄 수 있었다. 그것은 나의 뜻이 아니라 하나님의 뜻이라는 것을 믿어 의심치 않았기에 가능한 행동이었다.

그 목사는 한 때 한국에서 베스트셀러라는 천국에 대한 책을 쓴 사람으로 나중에 알고 보니 목사도 아니었고 내용도 비성경적인 부분이 많았다. 그러한 사람을 국내 언론사에서 후원을 해가며 수많은 사람들을 모아놓고 집회를 했던 것이다. 그 이후로 그 사람은 한국에는 발을 들여놓지 못했다.

그 일이 있은 직후에는 차라리 초반에 단호하게 거절했으면 어땠을까 하는 생각을 잠시 했었다. 하지만 그의 정체가 밝혀진 후 다시 생각해보니 그때 설교통역이 중단 된 일을 계기로 더 많은 청취자들이 그 사건을 알게 되었고, 그가 온전한 메시지를 전하지 않는 사람이라는 것도 함께 알려지게 되면서 성경을 더 바르게 배워야겠다는 자성도 있어 합력해 선을 이룬 결과가 된 것 같았다. 비록 그 과정에서 통역을 중단하는 사태를 일으키고, 한 동안 일부 사람들이 욕을 하기도 했지만, 결국엔 언제나 하나님의 타이밍은 정확하며, 그 결과가 우리에게 늘 유익함을 다시 한 번 깨닫게 되는 매우 값진 경험이었다. 그리고 그렇게 할 수 있는 확신과 용기를 주신 주님께 감사하는 시간이 되었다.

외국 강사들의 통역을 맡다

　미국에서 공부하고, 신학교를 나온 나에게 설교와 통역, 번역 사역은 당연했다. 그로 인해 많은 외국 인사들과도 인맥을 쌓을 수 있었다. 미8군에서도 집회를 열고 설교를 했다. 논산훈련소와 전방의 교회들도 다녔다.

　당시 나는 미국 내 여러 교회에 모금을 하러 다녔다. 그런데 신기하게도 내가 가는 교회 컨퍼런스마다 워런 W. 위어스비 박사와 만나게 되었다. 위어스비 박사는 미국 내 교회에서 덕망 있고 실력 있는 사역자로 인정받아 여기저기 초청 강연을 하는 분이셨다. 그와는 내가 안수 받은 사

워런 위어스비 목사님과 함께

우스침례교회 담임목사인 서그던 박사를 통해 아는 사이였다. 특히 그분은 성경을 잘 가르쳤다. 가는 곳마다 눈에 띄다보니 어느새 우리는 서로 농담을 주고받을 정도로 친해졌다.

　어느 날은 그가 7년 동안 주일 저녁과 수요일 저녁에 교회에서 강해 한 성경공부 노트 3권(구약1권, 신약2권)을 내게 주었다. 그리고 그에게 허락을 받아 한국어로 번역 발행했는데 그 책이 워런

W. 위어스비 박사의 「핵심성경연구1,2,3」(나침반출판사 발행)로
지금도 내게 큰 기쁨과 보람이다.

조지 스위팅 목사님과 함께

특히 88년 올림픽을 전후해서
는 세계적인 목사들이 선교활동
을 위해 한국에 많이 들어왔다.

미국 무디성경학교의 총장인
조지 스위팅 박사도 한국에 와
서 여러 번 집회를 했고, 나는 그
의 통역을 했는데 그의 온화한
성품과 설교를 통해 주님을 더

깊이 배우는 기회가 됐다.

미국의 유명 목사들은 성경강해를 잘 했다. 그들의 설교를 듣고
있으면 절로 감탄이 날 정도였다. 그런 내용들을 잘 통역하는 것
도 중요한 사역이라고 생각했다.

존 맥아더 목사님과 함께

그리고 미국 캘리포니아
에 있는 그레이스교회(Grace
Community Church)의 담임
존 맥아더 목사는 밥존스아카데
미를 졸업한 근본주의자이다. 그
의 설교도 통역을 했고 그의 책
도 10여 권 한국어로 번역 발행
했는데, 많은 목회자들이 그 책

새들백교회 릭 워렌 목사

밥존스대학교 총장 밥존스 3세 박사

베직 라이프 프린스플스 빌 가서드 박사

세계기독교 스포츠 연합회장 데이빗번햄 박사

을 잘 활용하고 있다고 기뻐할 때마다 내겐 큰 기쁨과 보람이었다.

그 외에도 숱하게 내한한 목사님들의 설교를 유·무명을 따지지 않고 통역하며 교제했는데 그 일은 내가 주님을 체험적으로 배우는데 큰 도움을 주었다.

가장 기억에 남는 것은 세계적인 전도자 빌리 그래함 목사님의 설교를 통역했던 일이다.

1985년 한국기독교 100주년 기념식 행사에서 그를 만났는데 그 당시 난 사회를 보면서 통역을 했다. 그 이후에도 서너 번 더 그를 만났다. 빌리 그래함 목사님 역시 북한선교에 뜻이 있어 두 차례 북한을 다녀왔는데, 그때마다 홍콩을 거쳐 미국으로 갔다. 나는 그가 북한을 다녀올 때마다 홍콩으로 가서 인터뷰를 하곤 했다.

그러던 중 중남미의 섬 포르리코에서 빌리 그래함 전도대회가 열렸다.

설교는 빌리 그래함 목사님이 했는데 전 세계 80개국에 위성으로 중계하면서 각 나라 말로 동시통역이 이루어지는 아주 큰 규모의 세계적 전도대회였다.

나는 한국어 통역 담당이었다.

빌리 그래함 목사님은 밥존스대학교를 다녔다. 밥존스에서는 근본주의 신앙에 맞지 않다며 빌리 그래함 목사님을 중도 복음주의라 해서 교류를 끊었던 상태였다. 뿐만 아니라 김장환 목사님도 밥존스대학교 출신인데, 1973년 연인원 천만 여명이 모인 '여의도 빌리 그래함 복음전도대회'에서 빌리 그래함 목사님 설교를 통역했다고 하여 총동문회에서 제명당했다.

내가 통역을 하기 위해 포르리코의 호텔에 짐을 풀고 있는데, 당시 밥존스대학교 총장인 밥존스 3세에게서 전화가 왔다. 그는 김장환 목사님의 동창이기도 하고 나와도 가까운 사이였다.

"송 목사! 이번에 빌리 그래함 통역을 한다면 당신도 총동문회에서 제명시킬 거요."

하지만 그 대회나 설교는 성경적으로 문제가 없으니 예정대로 통역을 했다. 결국 나 또한 김장환 목사처럼 빌리 그래함 목사님의

빌리 그래함 목사와 각 언어 동시 통역사들

설교를 통역했다는 이유로 밥존스 총동문회에서 제명당했다. 그만큼 밥존스는 근본주의 신앙 원칙을 고수하는 곳이다.

하지만 '복음'의 기준은 오직 '성경'과 '하나님'이라는 원칙엔 변함이 없다. '성경'과 '하나님'에 근거하는 '바른 설교'라면 나는 언제든 통역을 할 것이다. 통역은 하나님이 주신 달란트이므로 하나님의 복음을 위해서라면 늘 충성하는 것이 맞다고 믿는다.

"내가 자책할 아무 것도 깨닫지 못하나 이로 말미암아 의롭다 함을 얻지 못하노라 다만 나를 심판하실 이는 주시니라."(고린도전서 4장 4절).

 ## '어와나코리아'를 한국에 설립하다

미국 그레이스 교회의 존 맥아더 목사님은 '어와나(AWANA) 청소년협회'와도 인연이 있다.

AWANA라는 단어는 디모데후서 2장 15절에 나오는 '부끄러울 것이 없는 일꾼으로 인정된 자'의 영어표현 Approved Workmen Are Not Ashamed의 첫 글자를 따서 만든 말로서, 더 많은 어린이와 청소년을 그리스도의 복음으로 구원하고, 그들로 하여금 하나님을 섬기는 삶을 살도록 하고자 하는 목적으로 1941년 시카고의 노스 사이드 가스펠 센터(North Side Gospel Center)에서 랜스 레이덤 목사와 아트 로하임 박사에 의해 시작되었다.

1950년, 공식적으로 비영리단체 법인으로 등록된 AWANA는

2013년 현재 미국에서는 영, 유아부터 고등학생까지 훈련할 수 있는 커리큘럼(Curriculum)과 컨텐츠(Contents)를 가지고 매주 13,000여개 교회의 부모와 교사가 함께 100만 명의 어린이와 청소년을 훈련하고 있다. 이 외에도 교도소에 있는 수감자들과 그 가정의 자녀들을 섬기는 라이프라인(Lifeline) 프로그램과, 빈민과 난민 어린이들을 돕는 칠드런 앳 리스크(Children at Risk) 프로그램을 통해 더 많은 믿지 않는 어린이와 청소년들에게 복음을 전하기 위한 사역을 활발하게 진행하고 있다.

　1980년대 미국에서 모금활동을 하고 있을 때였다.
　존 맥아더 목사님이 목회하는 그레이스교회를 방문하게 됐는데, 거기에 한국여자성도들이 모여서 성경공부를 하고 있었다. 여기서 잠깐 성경공부를 인도한 적이 있었다.
　어느 날 성경공부를 하고 점심을 먹는데, 그 자리에서 '어와나' 얘기가 나왔다. 그러면서 어와나 핸드북도 보여줬다. 그 당시만 해도 '어와나'에 대해선 잘 몰랐다. 그저 얘기만 들어봤을 정도였다. 그런 일이 있고 얼마 안 있어서 존 맥아더 교회에서 어와나 행사가 있었다. 그때 어와나의 회장 아트 로하임 박사가 참석했다.
　한국 성도들과도 함께 할 자리가 있었는데, 그때 그 자리에서 나를 로하임 회장에게 소개했다. 로하임 회장은 핸드북을 한국어로도 번역하면 좋겠다고 했다. 그랬더니 주변사람들이 어와나 핸드북도 송 목사님이 번역하면 잘 할 거란 얘기를 하며 나를 추천했다.

그것이 인연이 되었다. 로하임 회장은 이후에 디트로이트까지 나를 찾아왔다. 디트로이트는 내가 미국에서 3년 동안 모금활동을 할 때 개척했던 디트로이트 제일침례교회가 있는 곳이었다.

로하임 회장은 나를 시카고에 있는 어와나 본부로 초대해 주었고, 어와나를 통한 청소년 선교에 대해서도 많은 얘기를 나눴다.

"내가 미리 어와나에 대해서 알았더라면, 지금이라도 바로 한국에 가서 어와나를 시작하겠지만, 난 지금 극동방송에 재직 중입니다. 나중에 내가 은퇴하게 된다면 그때는 꼭 어와나와 함께 하고 싶습니다."

나는 진심으로 어와나를 한국에 도입시키고 싶은 마음이었다.

그런데 1983년 한국에 귀국 했을 때, 나침반출판사 김용호 대

미국 시카고에 있는 어와나 본부 방문 기념 사진

표와 얘길 나누는데 그는 어와나에 대한 정보를 이미 많이 가지고 있었고 한국 도입을 위해 기도하고 있었다. 내가 로하임 총재를 잘 안다고 했더니 그가 내게 말했다.

"어와나는 보이스카웃이나 걸스카웃처럼 유니폼을 입으니, 교복 자율화인 지금 한국 청소년들에게 맞는 선교방법입니다. 그리고 청소년 전문 선교기관이고, 복음도 분명하니 한국에서 그 운동을 시작하는 게 좋겠습니다."

그 말에 힘을 얻은 나는 미국 어와나 본부와 협약을 맺은 후, 나를 초대 회장으로, 그리고 나침반출판사 김용호 대표를 총무로 하여, 나침반출판사에서 초기 핸드북을 만들고 1983년에 어와나 코리아를 시작했다. 그리고 1984년, 처음으로 서울 양천구 목동에 있던 「늘푸른교회」에서 어와나 클럽이 시작됐다.

로하임 국제회장과 김용호 대표와 함께

한국 어와나 초창기 멤버들과 민경업 목사

김 대표는 어와나가 잘 뿌리내릴 수 있도록 기초공사를 탄탄하게 다진 후에 전문적으로 이 일을 전념할 사람이 해야 한다며 그 자리를 내놓았다. 그래서 어와나 코리아 프로그램은 몇 사람을 거쳐 현재 이종국 목사·최영오 사모 부부 선교사가 한국대표로 일하고 있고, 현재 국내 250여개 교회에서 5,000여 명의 교사들이 20,000여 명의 어린이들과 청소년들을 훈련하는 사역으로 이 프로그램을 성공적으로 활용하고 있다. 그리고 북한 선교사와 아시아 선교 센터의 비전을 품고 사역하고 있으며, 국내외 한인 디아스포라 다음 세대를 성경적 믿음으로 세우는 일에 매진하고 있다.

이렇게 미국에서 잠깐 만난 한 사람과의 인연이 나중에 큰 일로 발전되었다.

이제 한국 어와나는 30주년이 되었다.

지난 2013년 11월 안성에 있는 사랑의교회 수양관에서는 어와나 한국사역 30주년 기념 대회가 열렸다.

미국 본부에서는 잭 에거 대표와 여러분이 참석했는데, 특히 설

로하임 회장과 한국대표 이종국 선교사와 30주년 기념행사장

립자 아트노하임 박사가 90대 나이임에도 불구하고 휠체어를 타고 대회에 참석해 많은 사람들의 마음을 울컥하게 했다. 그외 여러나라의 대표들도 함께 참석했는데 지금 어와나를 하고 있는 100여개 국의 국기 입장식 때에는 그야말로 감동이었다. 그리고 그 자리에서 나는 한국 어와나 총재로 추대됐다.

하나님은 이렇게 여러 일을 통해 잠시지만 하나님의 사람들을 만나게 하시고, 동역하게 하셨다. 그 결과 많은 인맥을 갖게 되었고, 하나님 나라를 위해 국제적인 활동들로 연계할 수 있었다. 그리고 하나님의 사람들과 교제하면서 주님을 더 깊이 배우는 기회가 됐다.

미국에서의 3년 동안의 모금활동도 사람과 교회와의 만남이었

한국 어와나 30주년 기념행사

고, 그로 인해 많은 선교활동과 관련돼 한국에서 선교 사역들이 만들어지고 추진될 수 있는 시발점이 되었다. 이처럼 하나님께서는 한 계단 한 계단 예비하시고, 역사해 주셨다.

참으로 감사하게도 하나님께서 나에게 시편 기자가 걸었던 인생길을 걷게 하신 것이다.

"나를 기가 막힐 웅덩이와 수렁에서 끌어올리시고 내 발을 반석 위에 두사 내 걸음을 견고하게 하셨도다." (시편 40편 2절).

시편 기자의 길... 오래 전 주님께 길을 구했던 일이 떠올랐다.

윌리엄 대령이 미국으로 떠나며, 오산 비행장에 영영 취업할 수 없게 되었구나라고 절망했을 때 깜깜한 내 인생에 빛을 허락해 달라고 기도했었다. 그러면 그 한줄기 빛을 보고 걸어가겠다고 다짐했었다.

그런데 하나님은 매 순간 태양 같이 나를 인도해 주심으로 그 기도에 응답하셨다. 그리고 복에 복을 더 하사 부족한 나에게 시편 기자의 길까지 허락해 주셨으니 하나님의 사랑은 참으로 크고 깊음을 다시 한 번 마음에 새기는 귀한 체험이 되었다.

올림픽 채플린이 되다

올림픽 스포츠 선교회와의 일 또한 마찬가지이다.

올림픽 관련 선교를 시작한 것도 하나님의 인도하심이었다. 내가 운동하는 사람도 아니었지만 1978년 미국에 있는 '벤처 오브 팩토리'라는 선교 야구팀이 있었는데 극동방송으로 한국 전도 방문 스케줄을 도와 달라는 편지가 왔다.

그 당시 우리나라에는 야구 전문 대표팀이 없을 때였다.

한국야구협회에 연락했다. 협회에서는 미국에서 야구팀이 온다고 하니 없던 팀도 만들어서 하자고 승낙했다.

'한미친선야구대회'라는 광고와 포스터까지 만들어 홍보를 했다. 동대문 운동장이 꽉 찼다. 그런데 갑자기 미국 팀이 말했다.

"우리는 야구가 목적이 아니라 전도가 목표입니다."

결국 운동장 한 복판에서 찬양, 간증, 설교도 해야 한다고 주장했다.

미국과의 친선야구대회는 우리나라에도 크게 도움이 되는 사건인지라 그 당시에는 미국 팀의 주장이 받아들여졌다. 그때 간증하고 설교하는 것을 통역한 것이 바로 나의 스포츠 통역의 시작이었

벤처 오브 팩토리 야구단이 동대문 운동장에서 경기전 간증 통역

다. 미국 스포츠 팀과의 인연이 이렇게 시작되어 그 후 스포츠 관련된 일은 줄곧 나에게 연락이 오곤 했다. 그런 인연은 이후 올림픽까지 이어졌다.

그래서 매번 올림픽 때마다 채플린이 될 수 있었다.

올림픽 때마다 간증을 할 만한 선수를 추천받았다. 올림픽 선수들은 승리의 한순간을 위해 짧게는 4년을 길게는 평생을 준비한 사람들이었다. 올림픽은 그들이 만들어 내는 감동스토리와 그 안에 담겨진 신앙을 증거할 수 있는 좋은 기회였다. 그러기에 많은 단체에서 선교의 기회로 올림픽을 찾았다.

간증을 통역할 때는 과정을 여러 번 거쳐야 할 때도 있었다. 선수가 불어로 간증하면 그걸 영어로 해서 다시 한국어로 통역을 해야 했었다.

88올림픽 때는 유명한 육상선수인 칼 루이스가 여의도 순복음교회에서 간증했는데 많은 감동을 주었다. 그 간증은 미국의 거

의 모든 언론에서 보도되었다. 뉴욕 타임즈에는 간증한 전문이 실렸으며, 통역을 했던 내 사진도 함께 게재되었다.

올림픽이 끝나고 올림픽 운영요원으로 수고했다고 체육부장관이 주는 올림픽 기장을 받았다.

칼 루이스 선수 간증 때

각국 올림픽 대회 기간중 전도

1992년 바르셀로나 올림픽, 1996년 애틀랜타 올림픽, 2000년 시드니 올림픽, 2004년 아테네 올림픽, 2008년 베이징 올림픽, 2012년 런던 올림픽까지 때마다 올림픽 채플린으로 선수들이 영어, 중국어, 불어 등으로 예배드릴 수 있도록 장을 마련했다. 선수촌 안에서 예배하는 것을 소개하면서 홍보를 하기도 했다. 그 곳에 각 교회에서 선물을 많이 가져다 놓았다. 사람들에게 그 인상이 아직도 좋은 모습으로 남아 있었다. 설교는 5분만 시간이 허락되었기에 그 시간만으로는 부족했다. 그래서 교회에서 선수들의 간증을 들을 수 있는 '스타 이브닝'을 기획해서 홍보를 했다.

2012년 런던 올림픽에서도 나는 한국기독교스포츠연합회 총회장 자격으로 참석했는데, 한국의 김재범 선수와 칼 루이스의 간증을 들을 수 있었다.

올림픽 현장에서 한국의 선교활동은 그 열정이 대단했다. 특히 88올림픽 때는 선수촌 전체에 전도열풍이 불었는데, 그 열정과 영적인 은혜도 너무나 강해 소련 선수단이 그 열기를 피해 선수촌이 아닌 외부 숙박을 선택할 정도였다. 대한민국의 국토는 비록 작지만 기도와 은혜만큼은 당

2012 금메달리스트 김재범 선수 간증 통역

시 올림에 참가한 어떤 나라 못지 않았고, 전도의 열기를 피해 외부에 숙박을 요청한 소련의 사연은 여러 매체에 보도되기도 했다. 그 때 한국 크리스천들의 기도로 인해 일어났던 뜨거운 은혜의 물결과 복음의 의지와 그런 은혜가 다시 한 번 한반도 전체에 몰아치기를 다시 간절히 기도하게 되었다.

인터내셔널 에이드 코리아를 한국에 연결하다

　미국의 유명 인사와 교회, 인맥 그리고 좋은 시스템들을 한국과 연결시키는 일은 주님께서 내게 주신 은사였다. 그 중의 하나가 바로 의료선교기관인 인터내셔널 에이드를 한국 정부에 등록한 일이었다.

　인터내셔널에이드(International Aid)는 성경과 의약품, 비타민 등 의료물품과 구호물품을 지원해 주는 단체이다.

　나는 1978년 한국에 선교사로 올 때 그 단체를 알게 되었다.

　미시간주 스프링 렉(Spring Lake)에 있는 제일침례교회(First Baptist Church)에서도 나를 후원해 주었는데, 그 교회에 방문했을 때 나는 빌 밴더 월(Bill Van Derwall)이라고 하는 집사의 집에서 잠을 자게 되었다.

　그는 벽돌공장 사장이었는데 그 교회를 지을 때 필요한 벽돌을 다 헌물했다. 그 집에는 인터내셔널 에이드에서 보내온 성경, 의약품, 비타민 등이 잔뜩 있었

북한에 의약품 전달 출항을 앞두고

고, 나보고 마음대로 가져가라고 했다. 나도 한 Box를 받았다. 그는 인터내셔널 에이드의 창고를 자기가 지어 주었다고 말하면서

원하기만 하면 의약품이나 구호품, 성경을 트럭으로도 얼마든지 보내줄 수 있다고 했다.

나는 미국에 갈 때마다 그 집에 들려서 각종 의약품과 구호품, 치약, 칫솔 등 필요한 것을 몇 년 동안 가져다가 필요한 사람들에게 전해 주었다. 그러다가 한국에서도 그 기관이 필요할 것 같아 보건사회부에 등록을 시켰다. 그것이 바로 인터내셔널 에이드 코리아이다.

그 일을 김치운 장로에게 맡겼다. 그 당시 김치운 장로는 서울시 고위 공직자로 퇴직을 하고 일을 쉬고 있을 때였다.

그에게 등록에 필요한 제반업무를 진행하도록 했다. 그리고 그곳의 대표를 김 장로에게 맡겼다. 등록을 하고 나니 미국에서 대규모 약품과 물품이 한국에 보내졌다. 창고에 점차 보관량이 늘어났다. 필요한 곳에 충분히 나누워 줄 수 있었다.

그러던 중에 2004년 북한 용천에서 폭발사고가 났다. 수많은 화상환자가 발생했는데 의약품이 부족하다는 소식이 들렸다. 그 소식을 접하고 창고에 보관되어 있던 화상용 약품을 북한으로 보냈다. 그 양이 엄청나서 그 당시 조선일보에서는 배로 두 번이나 실어 날랐으며, 2,200만 불 상당의 의약품이 전달됐다고 보도했다.

그 일로 김치운 장로는 북한에 초청을 받았다. 그는 그곳에 가서 환자들을 보고 싶었는데, 그럴 수가 없었다고 했다. 북한 측에 물어 봤더니, "아, 남한에서 좋은 약품을 보내줘서 환자들이 다 나아 집에 가고 없습네다"라고 대답했단다. 결국 그 약품이 어디에 쓰였는지, 환자가 얼마나 됐는지는 확인할 기회가 없었다고 했다.

나는 이 일로 하나님의 섭리가 얼마나 놀라운가를 새삼 느꼈다. 한국에 인터내셔널 에이드를 세워놓으시고, 창고에 의약품과 생필품을 잔뜩 쌓아놓게 하시더니 북한에서 사고가 났을 때 마치 기다리고 있었듯이 신속하게 물품을 이동하게 하셨다. 만약 그렇지 않았으면 미국에서 그 물품이 오는데 절차가 복잡했을 것이고 운송기간도 1달 이상이 걸렸을 것이다. 하나님은 이처럼 우리가 생각지도 못할 일을 앞서서 하시는 분이시다.

"사람이 마음으로 자기의 길을 계획할지라도 그의 걸음을 인도하시는 이는 여호와시니라."(잠언 16장 9절).

그러므로 우리는 늘 깨어있어야 한다. 기도를 놓치는 순간 하나님이 아닌 '상식'과 '납득'을 더 의지하게 된다. 그러다 보면 지금 상식에 맞는 것 같고, 당장 납득이 가는 일만 하게 된다.

하지만 하나님이 계획하심은 상식과 납득을 뛰어넘는 차원의 것이다. 그러므로 오직 하나님만 의지하고, 과감한 순종을 해야 한다. 그렇게 하면 결과는 늘 하나님이 책임져 주신다. 감사하게도 나는 인생 가운데 그런 놀라운 섭리를 참으로 여러 번 체험했다.

 **횃불교회**

김치운 장로는 집을 개방하여 성경공부를 했을 정도로 하나님의 일에 열심이 있었고 교회도 일부러 어려운 개척교회를 찾아서 다녔을 정도로 신앙심이 깊은 사람이다.

그때가 1984년인데 김 장로가 다니던 개척교회의 목사님은 신학교 교수로 떠난 후였다. 난 극동방송에서 일하고 있던 때라 시간이 많지 않았기에 새로 목사가 올 때까지만 목사직을 맡기로 했다.

횃불교회는 그후 부흥이 되어서 1997년 IMF때 교회를 새로 짓기로 했는데 경제적으로 어려운 때라 반대도 많았다. 그러나 우리는 기도로 그 일을 강행했다. 그러면서 나는 교회를 헌당할 때 담임목사직을 떠나겠다고 약속했다. 드디어 교회당이 완공되고 나는 약속대로 담임목사직을 사임했다. 교회당을 건축하는 것이 사심이 아님을 보여주고 싶어서였고, 또 그때 많은 사역으로 인해서 목회에 전념할 수 있는 목사에게 위임하겠다고 약속했는데, 하나님의 은혜로 그 약속들을 지키게 되었다.

 신동아 최순영 회장님과의 인연

신동아 그룹의 최순영 회장님은 블럭으로 만든 극동방송 2층 건물

대신 극동방송 본관 4층 건물을 지어서 극동방송에 헌물해 주신 분이다. 최 회장님은 극동방송에 물심양면으로 많은 도움을 주셨다. 극동방송 이사장이셨지만 자주 뵙지는 못했다. 1년에 한번 이사회 때나 겨우 뵐 정도였다. 그러다가 올림픽 선교 때문에 관계가 깊어졌다.

스포츠선교회의 일원으로 88올림픽에서 활약을 하던 나를 보고 일을 함께 하자고 제안했다. 그래서 나는 스포츠선교회 부회장이 되었다. 전임 회장의 임기가 만료되자 이사회에서 나를 회장으로 추천했다. 회장이면 협회를 운영하고 잘 이끌어 가야 하는데, 그러려면 재정적인 지원을 해 줄 이사장을 모셔 와야 했다. 스포츠선교회는 운영비용이 많이 들었다. 든든한 재정적인 후원 없이는 운영하기 힘든 곳이었다. 난 그럴만한 후원자를 찾기 힘들었다. 그래서 회장직을 조심스럽게 사양했다.

그랬던 상황에서 할렐루야 축구단의 총무가 위암으로 세상을 떠났다. 그는 그 전에 공개석상에서 내가 스포츠협회의 회장직을 사양하는 이유가 후원자를 찾지 못해서라고 자주 말했는데 그 사연을 듣고, 후원을 해 주겠다는 사람이 나왔다. 그 분이 바로 최순영 회장님이었고, 협조도 잘 해주셨다.

최순영 회장님은 우리나라 최초의 프로팀인 할렐루야 축구단을 창단했다. 그 당시 국민들이 스포츠에 열광하기 시작한 때였기에 스포츠를 통한 전도를 위해 창단했다. 할렐루야축구단 명칭을 사용한 큰 이유는 축구경기 때 중계방송을 한다면 할렐루야 축구단 선수가 공을 몰 때마다 "할렐루야, 할렐루야…"가 많이 나와 전국민 대상으로 자연스럽게 전도가 되리라는 최순영 회장님의 믿음 때문이었다.

나는 축구단의 단목이었다. 그 당시엔 정말 유명한 팀이었다. 그 멤버 중 한 명은 이영무 선수였고 그 후 선수 출신 중 여러 명이 목사도 되고, 각 축구팀의 코치도 됐다. 멕시코 월드컵 때도 나는 단목으로 함께 하기도 했다.

그리고 '형제축구단'도 창단했다. 올림픽 이후에 내가 한국스포츠선교회 회장이 되면서 이북에서 온 탈북자들을 중심으로 만든 팀이었다. 할렐루야 축구단보다 훨씬 이후에 생긴 팀이었다. 유니폼이랑 필요한 것들도 최순영 회장님이 다 지원해주셨다. 선수들은 탈북청년들이었다. 창단 때에는 통일원장관이 와서 축사를 했고, 통일부 직원들과 첫 경기를 했다.

형제 축구단과 함께

극동방송이 어려웠을 때 최 회장님은 극동방송 이사장이었다. 그는 매월 선교회를 통해 극동방송에 많은 헌금을 해 주셨고, 그 헌금으로 극동방송 직원들에게 제때 월급을 줄 수 있었다. 그 일에는 김장환 목사님의 수고가 많았다. 당시 극동방송 살림을 맡고 있던 나는 그 누구보다도 그 상황이 고마웠다. 어떤 때는 나를 최 회장님께 파견시키기도 했다. 결국 한 사람과의 인연이 시간이 지나 나에게 좋은 결과로 돌아온다는 것을 최 회장님과의 관계에서 느낄 수 있었다.

 ## 기독 백주년 기념 외국인학교를 세우다

1989년 쯤, 홍익초등학교를 다니던 딸들이 극동방송 사택에서 살던 때였다.

어느 날 출근하려고 방문을 여는데 문이 열리지 않았다. 학교가기를 두려워하던 애들이 문뒤에 서 있었다.

"학교에 안가고 왜 여기 서 있니?"

"다른 아이들이 놀려서 학교 가기 싫어요."

아이들은 울면서 말했다. 말도 잘 안 통하고, 한글도 몰랐을 때라 놀림을 당했던 것이고 어린 아이들에게는 크나큰 상처가 되었던 것이다. 나는 가슴이 아팠다. 그래서 어떻게 해야 할지 주님께 기도하면서 미국에 있는 후원 교회와 지인들에게 도움을 청하는 기도 편지를 보냈다.

한 군데에서 답장이 왔다.

트로이침례교회 어윈(Irrwin)부부가 보낸 편지였다.

트로이침례교회는 몇년 전 방문해 설교를 한 번 한 적이 있었다.

"우리 교회 게시판에서 목사님의 기도 편지를 봤습니다. 저는 학교 선생인데 마침 안식년이라 한국에 가서 아이들을 홈스쿨링 해 줄 수 있습니다. 근데 혹시 우리 부부가 1년 동안 있을 집을 구해줄 수 있는지요?"

나는 그들을 초청해 서울 화곡동에 있는 성결교 선교사들이 사는 곳에 2층 집을 구해 주었다. 아이들이 그 곳에서 홈스쿨링을 하고 있었는데 점점 주변에서도 맡아달라는 애들이 늘어나면서 50명이 되었다. 집이 너무 좁았다. 더 큰 장소가 필요했다.

김장환 목사님께 상의 드렸더니 명지대학교 설립자 유상근 박사를 찾아가라고 했다. 그 분을 찾아가 도움을 청했더니 남산에 있는 명지대 건물에 있는 60평 짜리 방을 알아봐 주셨다. 하지만 학생 수가 많아져 더 넓은 곳이 필요했다.

이번엔 최순영 회장님의 도움으로 종로 5가에 있는 이화장 앞 집을 얻을 수 있었다.

점점 규모가 커져서 정식 학교로 인가받는 것이 필요했다. 그래서 문교부에 가서 학교등록을 했고, 문교부에서 허가가 났다.

또 다시 후원자를 구해야 했다.

이번엔 염광여자고등학교 설립자를 만났다. 그 분은 서울시에서 허가가 안 난 대학교 건물이 있으니 그 곳으로 가면 될 거라고 했다. 그래서 그 곳으로 거처를 옮겼다. 많은 학생들이 모였다. 외국에서 온 선교사들과 그들의 자녀들이 학교를 다녔다. 나는 그 이후에 한 번 더 장소를 옮기고 그곳에 정식으로 외국인 학교를 세웠다. 그곳이 바로 지금의 '센테니얼 크리스천 스쿨'(Centennial Christian School)이다.

이 학교명도 사연이 있다. 1985년도에 기독교 100주년 사업을 기획하고 있을 때였다. 빌리 그래함 팀에서 Hemry Holley씨가 와서 100주년 기념관에 갔다. 이 행사에서 선교사들이 와서 복음을 위해 수고하는데 그들을 위해서 뭔가 선물을 해야 하지 않겠느냐고 해 나는 기념으로 학교를 세우는 것이 어떠냐고 제안했었다. 결국 그 제안이 받아 들여졌고, 그래서 기독교 100주년을 생각하며 지어진 학교라서 '센테니얼 크리스천 스쿨'(C.C.S.)로 명명했다.

자녀교육으로 어려움 중에 있는 전혀 알지 못하는 한 선교사의 가족을 도와주기 위해 멀리 미국에서 한국까지 찾아오는 수고를 한 한 성도가 있었고, 그 성도의 착한 행실로 시작된 공부방이 학교가 된 것이다. 겨자씨 한 알과 같은 믿음이 많은 사람들에게 큰 도움을 주고, 하나님께 영광을 돌리게 된다는 것을 이 과정을 통해 많은 사람들이 목격하고 체험했다.

"마치 사람이 채소밭에 갖다 심은 겨자씨 한 알 같으니 자라 나무가 되어

공중의 새들이 그 가지에 깃들였느니라."(누가복음 13장 9절)

 ## 횃불트리니티대학교 대학원이 설립되다

그 후 나는 자연스럽게 기독교선교원과 횃불선교회에서 실행위원으로 일을 하게 됐고, 최순영 회장님의 부인인 이형자 원장님이 대표로 계셨다. 나는 이미 기독교선교원 소속 할렐루야 축구단의 단목을 하면서 미국, 남미, 동남아 경기까지 함께 다니다 보니까 선수와 임원들과 친숙했다. 횃불선교회 실행위원으로 김상복 목사, 노봉린 박사, 김의원 박사, 이만신 목사, 나 이렇게 다섯 사람이 활동했다. 횃불선교회에서 어와나 청소년협회도 몇 년 동안은 함께하게 했다.

선교회에서는 한국 목회자들과 선교지에 있는 사역자를 한국에 오게 해 충전 교육을 했다. 800여 명의 사역자가 이수를 했다.

터키, 필리핀 등에서 온 여러나라 사람들을 선교회에서 교육시켜서 선교사로 파송했다. 그들에게는 교육비와 숙박비, 항공료를 지원해 줬다. 비용도 많이 들었다. 최 회장님이 후원을 많이 해 주었지만 그래도 부족한 것이 많았다. 아직 사역자를 위한 제대로 된 학교가 없을 때였다.

1995년 지코이(GCOWE Global Consultation of World

Evangelism) 행사에 182개 나라가 함께 했다.

대규모 선교대회였다.

그 행사의 주제는 〈10/40 window〉였다. 위도 10도~ 40도 사이에 있는 나라들은 인구가 제일 많고 선교사가 제일 적은 곳이다. 그곳을 목표로 선교하자는 도전목표를 세웠고 그곳에 선교사를 보내자는 취지였다. 그러자면 선교사 양성이 우선과제였다. 이 사역에 이형자 원장님이 뜻을 가지고 적극적으로 앞장섰다.

선교사 100명을 보내기 위해 모집 광고도 했다. 하지만 지원자도 적었고 자격을 갖춘 사람도 2명 뿐이었다. 결과적으로 100명을 약속했는데 2명밖에 안됐다. 그래도 그 중 한 명은 당시 소련에 파송되었다. 그 사람이 일할 때 소련 현장에 심방도 가서 응원을 하기도 했다.

이렇게 단기로 현지 사람들을 데려다 가르치기 보다는 학교를 세워서 제대로 공부를 시켜 준비된 사역자를 보내는 게 필요하다는 것을 절감했다. 그래서 만든 곳이 바로 '횃불트리니티신학대학원 대학교'이다. 학교 설립자는 이형자 원장님이다. 나는 학생처장과 교목실장 및 실천신학교수로 일했다. 여기서 많은 선교사들이 배출되었고, 그들은 지금도 세계 각지에서 열심히 각자의 사역을 하고 있다.

횃불트리니티신학대학원 대학교는 미국 시카고 디어필드에 있는 신학교육으로 저명한 트리니티복음주의신학교(Trinity Divinity School)와도 깊은 관계를 갖고 있다.

미국 트리니티 신학교의 유명한 교수들이 한국에 와서 강의를 했다. 그들은 사례를 받지 않았다. 횃불선교회에서는 그 돈을 그대로 저축해서 모았다. 그리고 나중에 미국 트리니티신학교가 신축 건물을 짓는다는 소식을 듣고 모은 돈과 함께 추가로 모금한 돈을 전달해 주었다. 그 결과 새로지은 건물은 Hyungja Lee Center라 명명하여 박사과정 연구동으로 사용되고 있다.

 ## 캔 마이어 총장을 대학원 총장으로 추대하다

횃불트리니티신학대학원대학교의 초대 총장은 김상복 목사님이었다. 3년의 첫 임기가 끝난 뒤 제2대 총장을 찾을 때였다. 적임자를 잘 세워야 하는데, 마땅한 인물이 나타나지 않았다. 그때 하나님은 내 마음에 미국 트리니티신학교의 캔 마이어 총장님을 떠오르게 하셨다.

"제가 한번 찾아볼까요?"

나는 조심스럽게 캔 마이어 총장님을 추천했다.

그 당시 캔 마이어 총장님은 미국 트리니티신학교에서 24년 동안 총장을 하다가 은퇴한 후였다. 모두가 불가능하다고 했다. 그렇게 유명한 사람이 미국을 떠나 한국으로 오겠냐는 반응이었다. 그 당시 그는 「Food For The Hungry」 이사장이기도 했다.

그러나 켄 마이어 총장님은 나와 인연이 깊었기에 말이라도 한 번 꺼내봐야겠다고 생각했다. 내가 목사 안수를 받은 사우스침례교회의 서그든 목사님과 친구였던 캔 마이어 총장님이 랜싱교회에 설교를 하기 위해 왔었다. 그 당시 난 랜싱한인교회에서 목회하고 있을 때였다. 그렇게 인연이 맺어졌고, 우린 친구처럼 친밀한 관계가 되었다. 나는 하나님께 기도한 후 그에게 전화를 해서 상황을 말하고 총장을 맡으면 어떠냐며 제안했다. 그랬더니 기도를 해보고 연락주겠다는 답변이 왔고, 전화를 끊은 뒤에 나도 계속해서 하나님께 기도를 했다.

며칠 후 전화를 하겠다고 한 날 정확하게 전화가 왔다. 결정하기 전에 한국에 와서 한 번 학교를 둘러보고 학교 관계자와 학생들도 만나보고 싶다고 해 나는 그 모든 것을 할 수 있도록 도왔다.

11월 말쯤 한국을 찾아온 그는 기도 후 1월 1일에 전화하겠다고 했다. 정말 그 날에 전화가 왔다.

"내가 1년만 학교를 도와주겠네."

1974년에 캔 마이어 총장님이 미국 트리니티신학교 총장이 되었다. 한국에 횃불트리니티신학대학원 대학교를 설립할 때 미국의 트리니티 과정을 그대로 하기로 했다. 상호협력관계이면서도 분교가 아닌 독립된 학교로 하자고 협의했다. 우리 학교의 정교수는 미국 본교의 외래교수로 인정하게 했고 학교 소개 책자에도 기재가 되었다. 학점도 서로 인정하자고 했다. 서로 유대관계를 유지하면

켄 마이어 박사, 하용조 목사와 함께

서 특강도 했다. 이러한 일련의 일들을 진행하는데 켄 마이어 총
장의 도움을 많이 받았다.

그렇게 시작한 인연으로 1년이 아니라 5년이나 켄 마이어 교수
님을 총장으로 모실 수 있었다. 미국 복음주의 신학교 총장협회
회장이었던 그는 미국에서도 왕성한 활동을 하고 있어서 수시로
미국을 왕래하며 생활을 했다. 그래서 우리 횃불트리니티신학대
학원 대학교도 미국에 더 잘 알려지게 되었다.

캔 마이어 교수의 5년 임기가 끝나갈 무렵 3대 총장을 선출해야
할 시기가 되었다. 아직 퇴임하려면 6개월이나 남았던 때였다. 내
가 요청해서 한국에 오게 됐는데 그렇게 보내게 된 것이 마음에 걸
렸다. 서운하지 않도록 마무리를 잘 해야겠다는 생각이 들었다.

"총장님 그만 둘 때 저도 그만 두겠습니다."

그 때가 내 나이 67세 때였다.

한 호텔에서 하용조 목사에게 단 둘이 아침식사를 하면서 학교 일을 그만 두겠다고 했다. 놀란 하 목사가 말했다.

"아니, 송 목사님이 왜 그만두려 하십니까?"

나는 답했다.

"새로 온 총장에게 새로운 사람들이 필요할 겁니다."

하 목사는 적극적으로 만류했지만 난 결심을 했으니 그렇게 받아달라고 했다.

그리고 캔 마이어 총장과 함께 학교를 떠나게 되었다. 멋진 퇴임식을 해 주었다. 퇴임식에는 많은 사람들이 참여했다.

많은 사람들이 사진과 함께 글을 써서 나에게 전달해 주었다. 많은 목사님들이 와서 기도도 해 주셨다. 내가 그동안 활동했던 사진들을 일일이 끼워 만들어 준 사진첩은 내게 귀중한 물건 중 하나이다. 학교 교수들과 학생들도 이별을 아쉬워하며 마음을 담아 글을 써 주었다. 너무나 감동적이었다.

어린 시절, 집을 떠나 잠시나마 양아치 소굴에 있던 내가, 그리고 수원 역전에서 구두닦이였던 내가, 교회 종치기를 하며 공부하던 내가, 어느 날 예수님을 만났더니 하나님이 나를 이렇게 높여 주신 것이다. 하나님의 인도하심을 생각하니 그야말로 "갚을 길 없는 하나님의 은혜"였다.

또 그 때 학생들이 만들어준 나를 위한 기도문은 생애 잊을 수 없는 내 소중한 소장품 중의 하나이다.

A Prayer For Dr. John Song

Dear Heavenly Father,
Into Your Hands we commit Dr. Song
We pray that You will bless him and make him a blessing
to all blessed

May his strength be renewed as he waits upon You
May he walk and not grow weary
May he run and not faint

May he liw down in green pastures
May he be led by waters still and deep

May he be more radiantly clothed than the lilies in the
field
May his hope always be found in You even then he
walks through the valley of the shadow of death
May he fear no evil for Thy rod and Thy staff comfort
him
May his love continue to be a deep fount from which
people of all nations search
and as they search may he lead them to Your living
and as they search may he lead them to Your living
waters
So they may thirst no more
May those who seek comfort fall into his arms
let them meet the one tho comforts all through him
May your promises be engraved in his heart
May your covenant be a strong rampart to him
May his enemies enjoy your strong meat as they sit
surrounding his table
May you anoint his head with oil until his cup runneth
over

.

.

송용필 목사님을 위한 기도

(A Prayer For Dr. John Song / 번역-이희진)

하나님 아버지,

아버지의 손에 송용필 목사님을 의탁드립니다.

하나님, 송용필 목사님을 축복하여 주시옵소서.

또한, 송용필 목사님이 많은 사람들에게

축복이 되게 하여 주시옵소서.

송용필 목사님의 가족들을 축복하여 주시길 기도 드립니다.

가족 모두가 축복된 사람들이 되게 하여 주시옵소서.

 목사님께서 주님을 섬기실 때,

늘 심령을 새롭게 하여주시고, 영육에 강건함을 주시옵소서.

주님의 사역을 감당할 때 지치지 않게 하시고,

약해지지 않게 하여 주시옵소서.

 목사님을 늘 주님의 푸른 초장에 누이시며,

잔잔한 물가로 인도하여 주시옵소서.

들에 핀 백합보다도 더 찬란하게 옷 입혀 주시옵시고,

목사님이 사망의 음침한 골짜기를 다닐지라도,

늘 소망을 주님께 두게하여 주시옵소서.

주님의 지팡이와 막대기가 목사님을 지켜주심을 신뢰함으로,

악한 것들을 두려워하지 않게 도와 주시옵소서.

 목사님이 깊은 사랑의 샘이 되게 하여 주시옵소서.

그리하여, 모든 열방과 민족이 그 샘을 찾을 때에,

그 샘이 주님의 생명의 물을 맛보는 곳이 되게 하여 주시옵고,

샘을 찾는 이들이 주님으로 인해

다시는 목마르지 않게 하여 주시옵소서.

송용필 목사님을 통하여 모든 열방의 백성들이

참 평안을 주시는 주님을 만나게 하여 주시옵시고,

주님의 친절한 팔에 안기어 참된 평안을 누리게 하소서.

주님의 약속의 말씀이 송용필 목사님의 가슴에

새겨지게 하옵시며,

주님의 언약이 목사님께 강한 성루가 되게 하여 주시옵소서.

주님, 송용필 목사님의 대적의 목전에서 목사님께

기름진 것으로 상을 차려주시고,

목사님의 잔이 넘치도록,

기름을 목사님의 머리에 부어 주시옵소서.

주님께서 반짝이는 별과 같이

송용필 목사님의 길을 밝게 비춰 주시옵시고,

주님의 은혜와 자비가 영원토록

송용필 목사님과 함께 하여 주시옵소서.

송용필 목사님께서 주 여호와의 집에

영원히 거하시도록 인도하여 주시옵소서.

예수님의 이름으로 기도 드립니다. 아멘

　- 2004년 햇불트리니티신학대학원대학교 학생일동

수년간 정들었던 학교와의 인연을 정리하고 나니 마음 한구석이 허전하고 한편으로는 홀가분했다. 내가 가지고 있던 책은 퇴임식 때 학교에 다 기증했다. 나와 아내는 나에게 명예박사 학위를 준 인터내셔널대학원이 있는 하와이에서 다시 하나님이 준비하신 일을 하기로 하고 서울을 떠났다.

지금까지 얘기한 사역들의 큰 줄기는 모두 하나님의 은혜로 이루어진 넓은 숲이다. 떨어져 있는 독립된 사건들이, 혹은 그간 이루어왔던 이 모든 일들은 결국 그 다음을 이루기 위한 하나님의 계획에 의한 일들이었다. 주님을 위한 나의 조그만 마음과 행동이었지만 하나님은 오병이어의 기적처럼 사용하셨기 때문에 일어날 수 있었던 일들이라고 생각한다.

사역한다고 자녀들을 잘 보살펴주지 못한 못난 아비의 눈물을 하나님은 잊지 않으셨고, 답답한 마음에도 최선을 다하려는 부족한 헌신이 어떤 결실을 맺었는지 직접 중국으로 가서 확인하게 하셨다. 하나님의 사역을 위한 발걸음을 통해선 안중근 의사의 무덤을 찾으려다 윤동주 시인의 무덤을 찾는 일에 작게나마 애국하게 하시고, 일면식도 없는 가련한 청년을 돕는 작은 손길을 FEBC-러시아의 개국으로 인도하셨다. 모든 것이 하나님의 은혜이며 합력하여 선을 이룬다.

주님 안에서는 하찮은 일, 우연한 일이 결코 없다!

그 뒤에 하나님의 큰 뜻이 숨어 있다.

제 **6** 장

부족함 없이
인도하시는 하나님

"여호와는 나의 목자시니 내게 부족함이 없으리로다
그가 나를 푸른 풀밭에 누이시며 쉴 만한 물 가로 인도하시는도다"
(시편 23편 1-2절)

워싱턴 프라미스키퍼스 대회에서 아들과 함께

하와이에서의 1년

하와이 인터내셔날 칼리지에서 1년을 강의하며 보냈다.

오랜 만에 아내와 여유로운 시간을 보내는 것 같았다.

아내에게 있어서 내가 좋은 남편이었는지 확신이 들지는 않는다. 하지만 나를 신뢰해 준 것만은 확실하다. 언젠가 아내가 인터뷰에서 이런 말을 했다.

"모든 걸 다 합해서 보면 좋은 남편 맞아요. 전 일단 결정하기 전까지는 신중한 편이지만 일단 결정하면 힘들다는 불평이나 딴 생각하지 않고 믿고 따라가는 편이에요. 처음 결혼할 때부터 제 마음 속에서는 한 가지 생각은 확실했어요. 목사님이 싫어하는 일은 하지 말아야지 하는 마음이었어요."

그런 마음으로 지금까지 나를 믿고 지지해준 탓에 나는 그 어느 누구보다 행복한 결혼 생활을 했다고 자부할 수 있었다. 오늘날 나를 있게 한 일등공신은 바로 아내였다. 하와이에서 보낸 1년은 아내와 서로를 더 잘 알아가고 이해할 수 있는 행복한 시간이었다.

아내와 아이들에 대한 고마움

인생의 많은 고난 속에서도 웃음을 잃지 않고 항상 나의 곁을 지켜 주었던 사랑스런 아내! 그녀와의 만남 또한 하나님의 섭리라고 생각한다.

나를 아는 많은 사람들이 내가 고아인 줄 알았다고 했다. 어떤 사람들은 미국에서 날 초청하고 지원해 준 분들이 입양한 줄 착각하는 사람도 있었다. 돈을 후원해 주는 미국인이 있으니 그렇게 오해할 만도 했다. 사실 한국 식구들 이야기를 한 적도 없다. 지금도 아내에게 고마운 건 미국에서 공인회계사 일을 하다가 처음 한국행을 결심하고 나의 과거인 초라하고 비참한 거지생활과 구두 닦기 생활을 얘기했을 때도 묵묵히 듣고 받아주며 격려해 주었던 일이다.

그리고 한국으로 올 때도 대단히 어려운 결정이었음에도 불구하고 불평없이 따라와 준 일도 고마웠다.

아이들에게도 참 고맙다.

큰 애 쟌은 14살 때 집안의 어려운 사정을 알고, 혼자라도 미국에 가서 학비를 벌어서라도 공부를 하겠다며 미국행 비행기 티켓만 사달라고 했다. 그런 쟌이 지금은 미국에서 세계적으로 유명한 회계 법인의 파트너로 일하고 있다. 부모로서 온전히 보살펴 주지 못해도 잘 성장해서 스스로 제 인생을 살아가고 있는 게 고맙다.

쟌이 대학교 1학년 때였다.

진로에 대해 고민하다가 엄마에게 물었다.

"엄마는 제가 목사님이 되길 원하세요?"

"아무나 목사님 되는 건 아니지. 네 안에 진짜 소명이 있어야 할 수 있는 거야. 기도도 많이 해 보고 잘 생각해 보고 결정해라. 단순히 사명도 없는데 아버지가 목회를 하니까 그냥 목사를 한다는 것은 아닌 것 같다. 만약 목회를 하다가 그 길이 아닌 것 같아서 나중에 비즈니스를 하는 것은 실패한 사람이다. 하지만 비즈니스를 하다가 목회를 하게 되는 것은 성공한 삶이라고 생각한다. 진짜 해야 되겠다고 확신이 들 때 하는 게 목회일이다. 잘 알아서 해라."

아내는 똑부러지게 말했다.

쟌은 엄마의 말을 듣고 한참을 고민하더니 결국 아버지의 뒤를 이어 회계를 전공하고는 CPA 시험에 합격하여 공인회계사가 되었다.

내가 늦게 결혼한 편이라 아이들만큼은 일찌감치 자기 짝을 찾아 맺어주고 싶었다. 그런데 그런 나의 바람과는 달리 큰 애는 서른 한 살이 되도록 혼자였다. 그러던 중 쟌이 워싱턴 중앙교회 싱글모임에서 성경을 가르치고 있던 학생 중에 맘에 드는 여자아이가 있다고 엄마에게 전화를 걸어왔다. 당시 워싱턴 중앙교회는 미국에 있는 교회임에도 영어예배를 드리는 것으로 유명했다. 영어예배를 드리러 다른 교회에서도 젊은 청년들이 많이 찾아오곤 했었다. 쟌은 예배를 시작하기 전에 찬양을 인도하는 리더로 활동하였다. 쟌이 맘에 든다고 했던 그 여자애는 버지니아에 있는 워싱턴장로교회 목사 딸이었다. 자신의 교회에 영어예배가 없어서 본

교회 예배 후 쟌이 있는 큰 교회에 와서 예배를 드렸던 것이다. 쟌의 전화를 받고 우리는 기쁜 마음으로 그 아이를 보러 미국에 들어갔다. 그리고 서둘러 상견례를 하도록 부추겼다. 그렇게 해서 쟌이 결혼을 했고 사랑스럽고 귀여운 손주 셋을 낳아 행복하게 살고 있다.

아내가 아이들을 대하는 기준은 언제나 명확하다. 자신의 인생은 스스로 결정하고 책임지라는 것이다. 물론 나도 전적으로 동의한다. 사실 목회 일은 결코 쉬운 일이 아니다. 평생을 외로움과 고독함 속에서 살아야 할지도 모른다. 더욱이 물질적으로도 보장된 삶이 아니다.

쟌은 지금 직장인으로서의 삶을 성실히 살면서 주일학교에서 학생들을 가르치고 있다. 하나님 일에도 관심이 많고 잘 섬기려고 한다. 큰 애가 진로를 결정할 수 있도록 명확한 기준을 세워준 것뿐인데 그것이 쟌이 자신의 길을 찾는 데 도움이 된 것 같았다. 주님을 섬기면서 사회인으로 제 길을 잘 가고 있는 걸 보면 저절로 감사기도를 드리게 된다.

둘째 수잔은 엄마와 성격이 비슷했다. 자신을 드러내지 않으면서 조용히 자기 할 일을 알아서 하는 스타일이었다.

수잔이 초등학교 다닐 때였다.

동생 트리샤와 함께 물건을 사러 마트에 갔는데 트리샤는 자기가 먹고 싶은 것과 갖고 싶은 것을 생각없이 카트에 마구 담았다. 그런데 수잔은 물건 계산을 하기 전에 가격표를 보며 비싼 건 일일이 다 뺐다. 그리고는 꼭 필요한 것은 다시 싼 물건으로 바꿔 오기도 했다. 어린 나이에도 집안 형편이 좋지 않다는 것을 안 수잔이 엄마아빠에게 부담주지 않으려고 한 행동이었다. 정말 기가 막힐 노릇이었다. 철없이 이것저것 사달라고 졸라야 하는 나이였는데… 사실 대견하면서도 마음 한 편으론 짠했다.

수잔은 차분한 성격인데다가 어려서부터 그림을 좋아했다. 덕수궁에서 그림그리기 대회를 했을 때 상을 받아오기도 했다. 아마도 장인어른이 음악을 하시면서도 그림을 그리셨는데 그 피를 물려받았던 것 같다. 아내는 다른 건 몰라도 나중에 그림 그리는 재능을 키워두면 도움이 될거란 생각에 기본인 데생은 제대로 가르쳤다.

그 때 아내의 생각대로 데생을 가르친 것은 평생 그림을 그리면서 살게 된 수잔에게는 가장 큰 자산이 되었다. 아내는 아이들 교육에 있어서만큼은 확실한 기준을 가지고 있었다. 아이들이 원하는 것이나 호기심을 갖는 것은 일단 다 시켜보다가 애들이 조금이라도 지루해하거나 하기 싫어하면 절대 강요하지 않았다.

그런 이유로 트리샤는 피아노, 바이올린, 발레 등 어려서부터 하고 싶어 하는 건 다 시켰다. 그러다가 스스로 아니라고 하면 과감하게 중단시켰다. 그런데 수잔은 그림 외에는 다른 것에 관심이 없

었다. 수잔은 밥존스대학교에서 그림을 전공했는데 최우수상도
받았다.

수잔은 밥존스와 클림슨
(Clemson)대학을 끝내고 예
일대학원을 나와 뉴욕에서
Emeging Artist로 촉망받고 있
다.

수잔도 부모가 아닌 하나님
의 인도를 받으며 자신의 삶을
스스로 개척해 나간 것이다.

수잔 졸업식 때 가족과 함께

수잔의 짝은 참 놀라운 기회
를 통해 만나게 되었다.

내가 디트로이트에서 모금과 목회를 하고 있을때 같은 교회를
다니는 집사님의 아들 중 폴(Paul)이 있었는데 우리 집에 자주 놀
러 왔다. 수잔과 동갑이었다. 함께 수영도 하면서 놀만큼 친했던
사이였지만 내가 한국으로 오게 되는 바람에 아이들은 헤어졌다.
그때 나이 5살 때이다. 그런데 막내 트리샤가 뉴욕에서 다시 성인
이 된 폴을 만나게 됐고, 언니 수잔에게 연락처를 알려줬다.

5살 때 수잔을 만난 폴은 우리 첫째 사위가 되었다.

막내 트리샤는 쾌활한 성격에 남들 하는 거는 다 해야 직성이

풀리는 아이였다. 처음 한국에 와서 초등학교 2학년에 들어갔는데 한국 말도 한 마디 못하고 한글도 못 읽고 하니 반에서 꼴찌는 맡아 놓고 했다.

하루는 학교에서 선생님이 엄마를 불렀다.

"트리샤는 영어를 잘 하는데 왜 영어부에 넣으셨나요?"

"얘가 영어 말고는 잘하는 게 없어서요. 영어라도 잘하니까 기좀 살릴 수 있는 곳에 가면 좋겠다 싶어서 영어부를 지원한 거에요."

"일리가 있네요. 알겠습니다."

그렇게 영어부에 들어간 트리사는 선생님의 요청으로 각 반마다 돌며 영어교과서를 학생들에게 읽어주고 영어를 가르쳐가며 신나게 특별활동을 했다. 그리고 친구들을 집으로 초대해 엄마가 미국식으로 맛있는 것도 해주고 잘 놀아주고 하니 곧 친해졌다.

그렇게 잘 적응 하다가 트리샤까지 세 아이들은 모두 밥존스에 유학을 가게 되었다. 부모와 떨어져 애들끼리 유학하는 거라 걱정은 되었지만 우리 부부 모두 유학했던 학교라 사실 그리 큰 걱정은 들지 않았다. 아침부터 저녁까지 채플과 수업으로 잠시도 한눈 팔 수 없는 곳이라 한국에 있을 때보다 더 안전한 곳이라 자부할 수 있었다.

아이들을 밥존스대학교에 데려다 놓으면서 '애들 앞에서 눈물보이면 안 돼' 라고 그렇게 마음을 단단히 먹었지만 결국 아침을 먹기 전 기도하자고 한 나는 울음을 터뜨렸다. 남자이기에 앞서 자식과 떨어지는 약한 아비의 모습 그 자체였다. 그 후 비록 몸은 떨어져 있었지만 전화는 자주 할 수 있었다.

우리 부부는 시간이 날 때마다 아이들을 위해 기도했다.

"제발 건강하게 하시고 세상과 짝 하지 않게 하소서."

아이들이 미국에서 공부하고 있는 동안에도 아내는 비행기 값이 부담스러웠음에도 방학이면 아이들을 반드시 한국으로 돌아오게 했다. 그런 노력으로 지금 아이들 모두 한국과 미국에 대해 잘 적응하며 살아가고 있다.

트리샤는 영문학을 전공했다. 졸업 한 후 한국에 돌아와서 직장을 구했다. 영문학을 전공했지만 아이들에게 영어를 가르치는 일은 원하지 않았다.

"그럼 인터넷으로 찾아 보렴."

나는 미국에서 공부도 했고 지인들도 많았지만 아이들 문제를 그 어느 누구에게도 부탁하지 않았다. 쉽게 얻은 것은 쉽게 잃을 수 있다는 것을 알고 있기 때문이었다. 조금 힘들더라도 스스로 찾고 악착같이 견뎌서 자신의 인생을 살도록 하고 싶은 마음이 우리 부부의 본심이었다.

인터넷 서핑을 하다가 트리샤가 물었다.

"CNN에서 인턴을 뽑는대요. 해볼까?"

"그래, 해 보자."

트리샤는 처음 서류를 넣을 때부터 부정적으로 말했다.

"분명 떨어질 거에요."

"왜 그렇게 생각하는데?"

"다들 방송 쪽 전공한 사람들이에요. 신문방송학과 애들이니까 나하고는 달라요."

"그래도 일단 서류라도 넣어보자."

그렇게 해서 서류를 넣고 3일 뒤 격앙된 목소리로 트리샤가 외쳤다.

"엄마, 오래."

CNN에서 서류에 합격하고 인터뷰를 오라는 통보를 받았다.

다른 애들은 면접 볼 때 한 번도 따라가지 않던 아내는 그래도 막내라 걱정이 되었던지 트리샤와 함께 면접 보러 시카고로 동행했다. 70여 명 중 2명을 뽑는 자리였다. 쉽지 않을 거라고 생각 하면서도 희망을 갖고 하나님께 기도하고 있었다.

"엄마는 저 건너편 호텔 커피숍에 계세요. 미국인데 엄마 쫓아온 거 창피하단 말에요. 저기서 기도하고 계세요. 제 일은 제가 알아서 열심히 할게요."

22살의 당찬 트리샤였다.

인터뷰를 마치고 온 트리샤에게 엄마가 물었다.

"잘 했어?"

"물어보는 건 다 답했으니까 자기네들이 알아서 하겠지 뭐."

그게 다였다. 2~3일 뒤에 연락을 준다고 했단다.

그리고 3일 뒤 트리샤는 말했다.

"엄마! 됐대."

"잘 됐다."

정말 하나님께 감사했다.

그렇게 막내 트리샤는 CNN에서 4개월 인턴 생활을 했다. 그렇지만 인턴이 끝난다고 해서 정식 직원이 된다는 보장이 없었다. 인턴을 하면서 두 군데에 취직 서류를 넣었다. 워싱턴 CNN과 한국의 아리랑방송이었다. 그런데 같은 날 두 군데서 합격연락이 왔다. 행복한 고민을 할 수 있게 된 것이다. 어떻게 할까 고민하는 트리샤에게 아내는 말했다.

"니가 알아서 결정해라. 기도해 보고, 마음 편한 곳으로."

사실 워싱턴에는 오빠 잔이 근무하고 있던 때라 어디를 결정하더라도 크게 걱정할 이유는 없었다.

"워싱턴 CNN으로 갈게요."

그렇게 해서 워싱턴으로 가서 방송국의 밑바닥 일부터 시작했다. 매사 똑부러지게 일하는 성격에 성실함까지 겸비한 트리샤는 점점 중요한 일을 맡아 하게 되었다. 방송국 입사한 지 7년차 되었을 때 승진을 하면서 PD가 됐다.

방송국 PD라는 직업이 안정적인 직업은 아니었다. 한 프로가 끝나면 다른 프로그램을 찍고 끝나면 또 다른 프로 맡고... 그렇게 옮겨 다니는 게 다반사였다. 그러면서 9.11 테러현장을 보도하면서 CNN기자로서 우수 기자상도 받았다. 또 애미(Emy)상도 받게 됐다. 그동안 유명한 앵커 카니 정(Connie Chung) 프로그램에 조연 출로도 일했다.

CNN의 간판앵커 앤더슨 쿠퍼 360의 프로듀서를 했고, ABC NEWS의 생방송 프로그램을 맡기도 했다.

오프라 윈프리의 NATS SHOW의 프로듀서도 했다.

얼마 전까지 뉴욕 Katie-Syndicated Talk Show의 프로듀서를 하다가 스카웃 제의로 다시 ABC NEWS로 자리를 옮겼다.

자신이 하고 싶은 일을 찾아서 하고 있는 트리샤는 자신의 일에 만족하고 있었다. 그런 막내 트리샤까지 결혼을 하던 날, 나는 아버지로서 해야 할 의무를 다 한 것 같아 너무 행복하고 뿌듯해

CNN 앵커들과 트리샤

서 어깨가 들썩였다. 사실 갑자기 병으로 사경을 헤맬 때 막내 트리샤를 결혼 못 시킨것이 가장 아쉬움으로 남았었다. 하지만 하나님이 남은 일을 다 하고 오라고 허락하셔서 트리샤까지 짝을 맺는 모습을 지켜볼 수 있었다. 부모로서 자식의 결혼과 행복한 가정생활을 지켜보는 것만큼 가슴 벅찬 감격은 없을 것이다. 거기다 눈에 넣어도 아프지 않을 손주의 재롱을 볼 수 있다면 무슨 말을 더할 수 있을까…

아이들이 각자 자신의 길에서 하고 싶은 것을 찾아 재미있게 가정까지 꾸려 잘 사는 것을 보니 더할 나위 없이 기뻤다. 한국에서 다시 미국으로 들어가서 어린 아이들을 데리고 고생했던 순간들이 기억나 잠시 눈을 감았다. 그 꼬맹이들이 언제 이렇게 컸나 싶었다. 돌이켜보면 이사도 많이 다니고 아이들한테 제대로 잘 해준 것도 없었는데 잘 컸다는 생각에 절로 감사기도가 나왔다. 전적으로 하나님의 은혜였다. 하나님이 인도해 주셨기에 가능한 결과였다.

막내가 결혼 후에 우리에게 카드를 보내왔다.

"나도 엄마아빠처럼 잘 살게요."

아이들이 보기에도 우리 부부 사이가 괜찮았나 싶어 하나님께 감사했다. 삶의 고비에서도 내 앞에서는 웃음으로 나를 위로하며 내 뒤에서 눈물로 나를 지켜봐 주었던 아내와의 그 순간들을 잊지 못한다.

아들과 며느리, 그리고 두 딸과 사위들과 자녀들(2014)

"어떤 일이던지 최선을 다해라."

매 순간 우리 부부가 아이들에게 했던 말이었다. 쟌과 수쟌, 트
리샤까지 대학 전공을 선택하는 것부터 자신의 진로를 결정할 때
까지 조언은 해 주었지만 부모로서 이래라 저래라 간섭하지 않았
다. 그저 믿고 따라주고 응원해 준 게 다였다. 그 결과 다들 자신
이 바라는 곳에서 감사한 삶을 살고 있으니 하나님의 은혜이고 하
나님께 감사할 뿐이다.

아이들이 각자 제자리에서 자립을 할 수 있도록 도운 데에는
또 하나의 선물이 있었다. 다름아닌 아이들 이름으로 만들어진

Munbicipal Bond(지방채 비과세 상호기금)통장이었다.

내가 미국에서 공부할 수 있게 초청해 준 할머니의 자녀들이 학교에서 공부할 때만 도운 것이 아니라 나를 가족으로 생각하고 계속 관심을 갖고 지속적으로 도움을 주었다.

어느 해 내가 결혼 후 아이를 낳았을 때 기념으로 아이들 이름으로 그 통장을 만들어 주셨다. 그 후에도 계속 생일이나 졸업식 등 각종 기념일마다 아이들 각각 이름으로 만들어진 통장에 선물로 지방채를 사서 계속 넣어 주었다.

"선교사이니 생활이 어려울텐데… 잘 두었다가 아이들 대학 갈 때 선물로 주게나."

나의 선교사 생활이 어려울 것을 미리 아셔서 준비해 준 선물이었다. 나는 아이들을 키우면서 아무리 힘들어도 그 통장만큼은 건드리지 않았다. 그리고 아이들이 모두 밥존스에 다녔는데, 다행히 그 학교는 학비가 비싸지 않아 그 통장을 사용하지 않았다. 그리고는 아이들이 대학을 졸업하고 사회에 나갈 때 그 통장을 선물로 주었다.

미국에서 사회에 첫발을 내딛는 아이들에게는 그 돈은 세 아이들이 미국에서 기반을 다지는 데 큰 도움이 될만큼 큰 돈이 되었다.

그런데 이 모든 것이 하나님의 은혜가 아니면 가능 했겠는가!

이 또한 우리를 불쌍히 여기시는 하나님 아버지의 역사하심이라는 것을 믿어 의심치 않는다. 이렇게 잘 자라 하나님께서 허락하신 자리에서 주님을 섬기며 살아가는 아이들을 보면 부모로서 고맙기도 하고, 수만 배로 갚아주시는 하나님의 큰 복과 은혜에 참으로 감사를 드리게 된다.

누가복음 18장 28-30절 말씀이다.

"베드로가 여짜오되 보옵소서 우리가 우리의 것을 다 버리고 주를 따랐나이다. 이르시되 내가 진실로 너희에게 이르노니 하나님의 나라를 위하여 집이나 아내나 형제나 부모나 자녀를 버린 자는 현세에 여러 배를 받고 내세에 영생을 받지 못할 자가 없느니라 하시니라."

우리가 주님의 복음을 위하여 우리의 것을 다 버리고 주님을 따르면 주님은 현세에도 여러 배의 복을 받는다고 약속하였는데, 지금은 내가 전혀 예상치 못한 엄청난 복을 받아 누리고 있다. 이런 일이 내게 성취된 것을 주님께 감사하며 살고 있다. 역시 자식도 부모를 통해서지만 결국은 하나님이 키워 주신다고 확실히 믿는다.

 ## 하와이에서 다시 미주 극동방송으로

그런데 그 즈음 인터내셔널대학 이사장이 바뀌면서 학교 이전이 거론됐다.

오스트레일리아 동쪽의 피지(Fiji)섬으로 학교를 이전하는데, 같이 갈 사람은 지원을 하라고 했다.

마침 그즈음 김장환 목사님을 만나게 되어 그 상황을 얘기했다.

그랬더니 김장환 목사님은 마치 기다렸다는 듯이 말했다.

"송 목사가 극동방송 미주지사를 만들자고 해서 세웠으니 이젠 미주 지사장 일을 맡지."

미국 로스앤젤레스에 있는 극동방송 미국본부 안에는 코리아 데스크라는 한국 극동방송 북미 업무를 하는 사무실이 있다.

극동방송은 세계 4대 방송사 중 하나이다. 그래서 다가오는 국제화시대를 대비해 직원들의 국제 감각과 영어 향상을 위한 교육이 필요했다. 그래서 국장급을 2년마다 바꿔서 미국에 파견하면 효과가 있을 것 같았고, 또 미국에 사는 교포 중에 공산권 선교에 관심 있는 크리스천들과 동역하기 위해 1983년에 설립하자고 제안해 세워진 곳인데, 지금도 잘 운영되고 있다.

나는 하나님의 뜻으로 알고 LA로 가서 극동방송 미주지사장 일을 맡게 됐다.

그런데 간혹 한국에 출장 와서 젊은 직원들과 얘기를 하다보면, 여러 사람이 자기들도 언젠가 LA지사에 가서 일하고 싶다고 했다.

어느 날 문득 스쳐가는 생각이 있었다. 내가 지사장 자리를 차지하고 있는 건 젊은 친구들에게 기회를 뺏는 것과 같다는 생각이었다. 그래서 기도 중에 1년 뒤에 자리를 물려주기로 하고 퇴임을 했다.

퇴임을 하고 나니 여기저기서 함께 일하자고 연락이 왔다.

그 즈음, 횃불트리니티신학대학원 대학교에서 이정숙 교수와 교학처장, 부교학처장이 미국 출장길에 나를 만나려 왔다. 그 당시에 횃불트리니티신학대학원 대학교 총장은 하용조 목사였는데, 임기가 끝나가는 시점이었고, 건강도 좋지 않으셔서 내게 그의 메시지를 전해 줬다.

"송 목사님, 요즘 하 목사님 건강이 좋지 않으십니다. 그리고 학교에 젊은 사람들이 많아서 어른이 한 분 계시면 좋겠다고 하시면서 송 목사님이 적격자라고 모시고 오랍니다."

결국 나는 기도 중에 횃불트리니티신학대학원 대학교에서 함께 하자는 제안을 받아들이기로 했다.

그 말은 다시 미국에서 한국으로 가야한다는 것을 뜻했다. 또 이사를 해야 한다. 그래도 자식들이 가까이 있는 미국에서 안정된 생활을 다시 시작하는 아내에게 미안해 어떻게 할지 물었다. 아내의 답이다.

"갑시다! 운전사가 가자는데 가야죠."

그래서 아내와 나는 다시 한국으로 돌아왔다.

그때가 2007년이었고, 내 나이 69세 때였다.

이 나이에 주님이 다시 써 주시는 것이 그저 감사할 따름이었다.

제 7 장

죽음의 고비에서
건져주시는 하나님

"내가 사망의 음침한 골짜기로 다닐지라도
해를 두려워하지 않을 것은 주께서 나와 함께 하심이라
주의 지팡이와 막대기가 나를 안위하시나이다"
(시편 23편 4절)

어느 모임에서 아내와 함께

학교에 복직을 준비하면서 약속했던 5가지

학교에서는 나를 대외협력 부총장으로 임명했다.

나는 학교를 위해서 해야 할 5가지를 스스로에게 약속하고 실행했다.

첫 번째는, 학교 개교 10주년 기념행사를 의미 있게 하기였다.

2008년이 학교 개교 10주년이었다. 뭔가 의미 있게 기념행사를 하고 싶었다. 그래서 기도 중에 미국의 유명한 CCM 가수인 스티브 그린을 한국에 초청했다. 스티브 그린은 큰아들 잔과도 친구였다. 스티브 그린은 한국에 와 미8군을 비롯하여 여러 교회에서 공연을 했다. 남산음악 홀에서 콘서트도 하며 10주년 행사를 성황리에 마칠 수 있었다.

두 번째는, 학교 발전기금 모금하기였다.

그 동안 우리학교는 한 사람에게만 의존하던 구조였다. 하나님께서는 하나님을 믿는 우리들이 하나님께 의존하시길 바라시지, 사람에게 의존하는 걸 바라시지 않을 것이라고 생각했다. 학교의 재정적인 문제는 주님의 뜻에 따라야 한다는 것을 깨우쳐 주셨다. 결국 학교의 재정난은 우리들 자신의 문제였다. 그래서 학교기금을 모으자고 제안을 했고, 실천에 옮겨지게 되었다. 학교의 어려운 상황 해결은 가까이에 있는 우리부터 먼저 시작해야 한다며, 교수진부터 자발적으로 발전기금 모금에 참여하도록 했다. 교수진은 솔선수범하여 월급에서 일정액을 발전기금으로 냈고, 나중에는 학생들도 동참하게 되었다.

세 번째는, 학교 음악 팀 만들기였다.

학교홍보를 위해서 그동안 극동방송에서 배운 것을 바탕으로 '엠버서더'라는 음악 팀을 만들었다. 그 음악 팀과 함께 찬양과 간증, 설교가 이어지는 종합적인 선교와 홍보활동을 지원할 수 있게 되었다.

여의도 순복음교회를 비롯하여 할렐루야교회, 온누리교회, 수원중앙교회, 강북제일교회, 목동제일교회 등을 순회하며, 찬양과 간증, 설교를 하게 되었고, 이를 통해 발전기금도 모을 수 있었다. 종합적인 선교지원비를 45만원으로 정해 지원받는 교회에도 부담을 덜고, 우리 신학교 홍보도 할 수 있었던 윈윈전략으로 성공적인 선교지원모델을 만들 수 있었다.

네 번째는, 학교 총동창회 만들기였다.

학교에서 진행되는 영어 프로그램과 한국어 프로그램, CEO프로그램 등에 참여했던 사람들도 함께 총동창회를 만들었다. 총동창회장은 선거로 뽑는 것이 아니라 졸업생 중에서 초빙하여 모시게 했다. 그렇게 하니 총동창회가 활성화되고, 결속력도 좋아져 점점 발전하게 되었다. 그리고 외국에 나가 열심히 사역활동하고 있는 졸업생들도 지원해 주었다. '블럭온더락'이라는 모금활동을 해서 개척교회를 지어주는 일에 총동문회가 적극 동참할 수 있도록 했다.

다섯 번째는, 미국 정부에 학교 등록하기였다.

미국에서도 학교에 후원을 하고자 하는 사람들이 있었는데, 세금혜택이 주어지지 않아 후원을 못하는 경우가 많았다. 그래서 미국에 학교를 등록하게 되었다. 이제는 누군가 학교를 돕기 위해 후원을 하면 미국에서 영수증도 발행해 주고, 세금혜택도 받을 수 있게 되었다. 최근에 확인해 보니, 미국 학교법인을 통해 들어 온 후원금도 적지 않게 적립돼 있었다.

이처럼 나는 맨 처음 학교에 올 때 스스로 약속했던 5가지를 하나님의 도우심으로 모두 실천하게 되었다.

횃불 트리니티 신학대학원 대학교 교정에서

죽음의 고비를 넘기다

2010년 11월 6일 토요일이었다.

나는 어느 목사와 약속이 있어 저녁식사로 스테이크를 먹었다. 평소 고기를 즐겨먹는 내 식성으로는 아내 것까지 덜어다 먹어야 정상인데 왠일인지 속이 더부룩하면서 더 이상 먹을 수가 없었다. 결국 스테이크를 5분의 1도 채 먹지 못하고 남기니 아내가 이상하다고 어디 아프냐고 물었다. 그냥 소화가 잘 안 되는 것 같다고 말하고는 일찍 잠자리에 들었다.

그런데 갑자기 찌르는 듯한 통증에 눈을 떴다. 새벽 3시쯤이었다. 창밖은 어두웠고 주위는 고요한데 가슴이 답답하고 숨까지 막힐 지경이었다. 아내를 깨울까 말까 잠시 고민을 했지만 더 이상 참을 수가 없었다. 옆에서 자고 있던 아내를 흔들어 깨웠다.

"여보, 나 배가 너무 아파. 병원에 가야겠어."

평소 절대로 먼저 병원가자는 말을 하지 않았던 내가 먼저 병원에 가자고 했더니 놀란 아내는 안절부절 어찌할 바를 몰랐다.

"이 교수를 부를까요?"

이 교수는 같은 아파트에 사는 사람으로 평소 무척 친하게 지냈다.

"분당의 김치운 장로를 불러요."

아내의 이른 새벽 전화에 놀란 김 장로는 한달음에 달려와 큰 병원 응급실까지 동행했다. 검사를 위해 사진촬영도 하고 피도 뽑고 하면서 아침이 밝았다. 검사결과를 기다리는 게 너무 지루했다. 아침 9시가 되자 보호자를 찾았다.

"췌장암입니다. 꽤 진행이 돼서 살 수 있는 확률이 20%입니다."

엑스레이 사진을 보며 낮은 목소리로 담당 의사는 말했다.

그 말에 아내는 기가 막혔다. 의사가 무슨 말을 하긴 했는데 앞이 깜깜하고 무슨 말을 하는지 하나도 들리지 않았단다. 평소 건강검진을 받으면 거의 모든 항목이 정상, 정상, 정상이었던 남편이었다.

"그럼 미국에 모시고 가서 수술을 하겠습니다."

"소용 없습니다. 이미 수술을 할 시기가 지났습니다."

그 말은 마치 사형선고와 같았다.

2개월 시한부 판정을 받았다. 아내는 정신을 가다듬고 나에게 이 사실을 알리지 않기 위해 안간힘을 썼다. 의사와 면담을 끝내고 나온 김치운 장로와 아내가 손짓 발짓을 동원해가며 애써 별일 아니라고 말을 하는데 머리 위 전광판으로 안내 자막이 지나갔다.

"송용필 췌장암"

그 전광판을 보는 데 이상하게 마음이 차분해졌다. 이게 하나님의 부름이면 기꺼이 따르겠다고 했다. 사람이 한 번 죽는 것은 정해진 것이고, 하나님과의 약속이라 생각하고 담담하게 천국으로 이사 갈 마음의 준비를 하였다. 그렇게 마음을 내려놓았다. 어차피 사람은 모두 죽는다는 것을 받아들이고 있었다기보다는 하나님이 명하신 것을 어느 정도 했다고 하는 마음과 이제는 하나님 곁으로 가서 조용히 쉬고 싶다는 마음도 있었기 때문이었다.

하지만 아내는 달랐다. 내가 병명을 모르는 줄 알고 나에게 병명을 숨기려고 애쓰면서도 미국에 있는 자녀들에게 전화를 걸어 이 사실을 알렸다.

내가 2개월 밖에 살 수 없다는 소식에 미국에 있던 아이들이 놀란 가슴을 안고 급히 한국에 들어왔다.

주변에서는 그래도 한 번 더 확인을 해 보자고 했다.

아들의 친구 중에 아버지가 Y대학교 병원원장이었던 분이 계셨던 관계로 췌장암 전문의에 대한 정보를 얻게 되었다. 그렇게 해서 그 분야의 최고 권위자가 있다는 Y대 S병원으로 옮기게 됐다.

주치의는 송시영 박사였다.

"검사는 더 해봐야 알겠지만 췌장암이 아닐 수도 있어요. 그러니 기도 열심히 하세요. 임파선 부근에서 조직검사를 할 건데 여기서 암이 발견되면 좋겠고 안 나올 경우 췌장 조직검사를 다시 합니다."

목 아래 림프 임파선 부근을 8센티미터 잘라 조직검사를 했다. 그리고 얼마 후 검사 결과가 나왔다. CT 촬영한 결과를 보니 불행 중 다행으로 혈액암(림프암)이었다. 항암치료를 하면 나을 수 있다고 송박사가 말했다.

"목사님 나이가 문제에요. 혈액암이지만 살 확률이 50:50입니다. 견딜 수 있으시겠어요?"

그 말에 나와 아내는 얼마나 감사를 했는지 모른다. 거의 죽는다고 포기할 수 있는 상황에서 살 수 있는 확률이 반반으로 올라갔으니 그 기쁨이야 이루 말할 수 없었다. 병실도 혈액암이라 어린이 병동 윗층으로 옮겼다.

"당신이 어린애처럼 그러니까 어린이 병동으로 옮긴 거예요."

아내가 농담하듯 말했다. 죽었다 싶었던 남편이 살 수 있다는 일말의 희망에 조금이나마 마음에 여유가 생긴 듯 했다.

"여기서 더 어린애 짓하면 신생아실로 보낸 답니다."

한 수 더 떠서 나를 웃기기까지 했다.

만사를 제치고 급하게 귀국했던 아이들도 조금은 안도감을 갖고 미국으로 돌아갔다.

나는 6개월 동안 한 달에 한 번씩 항암주사를 맞았다. 살 수 있을 거라는 기대를 하며 맞는 항암주사는 견고했던 내 머리카락을 하나둘 빼앗아 버렸고 결국 가죽하고 뼈만 앙상하게 남겨 놓았다.

신경이 예민해져서 복도에서 식사 카트 미는 소리에도 진저리를 치곤했었다. 그렇게 식성이 좋던 나였지만 아무 것도 먹고 싶지 않았다. 주사와 영양제로 겨우겨우 버티던 시간이었다.

보통 암 병동에서는 그 누구도 소리 내어 웃는 법이 없었다. 오늘 멀쩡하게 살아있던 사람이 다음날 시체로 나가는 일이 흔한 곳이었다. 하룻밤 사이에 누가 어떻게 될 지 알 수 없는 막막함과 두려움이 병실을 무겁게 내리누르고 있었다. 그런 곳에서 아내는 수시로 유머러스한 말로 나를 웃게 했다. 간호사들은 암 병동에서 그렇게 웃음이 많은 건 우리가 처음이라고 했다.

나는 항암주사를 맞으며 견디기 힘든 순간을 나를 위해 병간호를 하는 아내에게 짜증내고 신경질을 내며 풀었다. 그랬더니 아내는 간호사에게 말했다.

"항암주사 맞으면 좋은 거, 나쁜 거 다 죽인다고 하셨죠? 근데 왜 짜증내고 신경질 내는 건 안 죽인 거에요?"

"그럼 다음엔 그것도 꼭 넣어서 놔 드릴게요."

재치 있는 간호사가 웃으면서 말했다.

또 한 날은 간호사가 걱정을 했다.

"주사 양 대비 소변양이 적네요."

"내가 대신 많이 눴어요. 방금도 화장실 다녀왔습니다."

결혼하면 한 몸인데, 어떻게 안 되겠냐고 해서 병실이 또 한바탕 웃음바다가 되었다.

아내는 그렇게 내 앞에서는 웃는 모습만 보였지만, 김치운 장로 집에서는 밤새도록 기도하며 울었다고 했다. 내가 보는 앞에서는 씩씩한 아내가 얼마나 힘들었을지 생각하면 지금도 가슴이 울컥한다.

아내는 그 순간을 견디면서 찬송가 446장을 부르고 또 불렀다.

"오 놀라운 구세주 예수 내 주 참 능력의 주시로다
큰 바위 밑 샘 솟는 그 곳으로 내 영혼을 숨기시네
메 마른 땅을 종일 걸어가도 나 피곤치아니하며
저 위험한 곳 내가 이를 때면 큰 바위에 숨기시고
주 손으로 덮으시네"- 446장 찬송가 1절

2개월 시한부 선고를 받았을 때는 '이제 남은 생은 어떻게 살아야 하나?' 라는 생각을 많이 했다. 그러면서 사도바울의 로마서 말씀이 떠올랐다.

"나는 빚진 자이다. 나는 그 빚을 갚으며 살겠다. 나는 그 빚을 갚는 게 부끄럽지 않다."

그 말씀처럼 나는 '나머지 날들은 빚을 갚으며 살겠다' 는 다짐을 했다.

로마서와 고린도후서 8장 말씀을 보면, 마케도니아 아가야 사람들이 기근으로 힘든 예루살렘 사람들을 위해 모금을 했다고 했다. 극한 가난 속에서도 분에 넘치는 모금을 너무 기쁘게 했다고 했다. 그 말씀을 보니 내 마음도 같았다.

'믿음을 전수 받았으면 그 빚을 갚아야 한다. 북한 땅에도 빚진 것이다. 하나님께서는 처음 북한에 교회를 세우셨다. 그로 인해 남한으로도 복음이 전파될 수 있었다. 북한에 복음의 빚을 졌으니

육신으로라도 갚아야 한다. 북한에서 신령한 것을 받았으니 먹을 것으로라도 그 빚을 갚아야 한다. 나는 그 빚을 갚아야 한다.'

계속해서 빚진 자로 빚을 갚아야 한다는 생각이 맴돌았다. 그동안 복음의 빚을 진 것, 도움을 준 사람들에 대한 빚이 있었다. 나에게 인간적으로 도와준 사람들에게 빚을 갚는 게 나의 남은 할 일이었다. 사랑의 빚은 결코 다 갚을 수가 없었다.

지인들은 시골에서 집 짓고 채식하면서 살아야 암을 극복할 수 있다고 했다. 그러나 나는 더 열심히 일하다 죽고 싶었다. 그래서 2012년 런던올림픽에 채플린으로 가서도 더 열심히 일할 것을 다짐했다. 그것이 하나님에 대한 빚을 갚는 거라 생각했고, 나의 사역을 다하는 것이라 생각했다.

결국 힘든 시간을 견뎌 무사히 퇴원을 하게 되었다.

"내 이름을 경외하는 너희에게는 공의로운 해가 떠올라서 치료하는 광선을 비추리니 너희가 나가서 외양간에서 나온 송아지같이 뛰리라."

말라기 4장 2절 말씀이 이루어진 것이다.

아내는 퇴원을 하는 나에게 물었다.

"많이 무서웠지요?"

"아니 하나도 안 무서웠어. 다만 두 가지가 맘에 걸리더라구. 당신 혼자 두고 가는 거랑 또 하나는 막내 시집 안 보낸 거."

그러나 이제는 막내 트리샤까지 결혼을 시켰으니 얼마나 다행인가 싶었다.

병원에 입원해 있을 때이다. 내가 횃불교회 담임목사 시절에 전도했던 이관중·장의숙 집사 부부가 원주에 있는 고아원을 소개해 함께 방문한 적이 있었다. 그 아이들 앞에서 무슨 말인가 해야 됐는데 그 때 나의 어린시절이 생각나 마음이 울컥해 안타까운 마음으로 얘기했다.

"얘들아, 나는 너희만 할 때 수원 역전에서 구두닦이를 하면서 겨우 먹고 살았는데... 예수님을 구세주로 믿었거든. 그랬더니 지금은 하나님이 잘 되게 해주셔서 이렇게 잘 살고 있단다. 너희도 꿈을 잃지 말고 하나님과 함께 살았으면 좋겠다."

그 후 두 집사한테 들었는데 그 몇 마디가 아이들에게 희망을 줬다고 했다. 그런데 내가 병상에 있을 때 그 아이들이 쾌유를 비는 위문카드책을 만들어 가지고 왔다. 얼마나 감격이 됐는지... 그 아이들의 마음을 감동시킨 하나님께서는 조그만한 일에도 큰 위로와 보상을 주시는 분임을 다시 확인하는 좋은 시간이었다.

그리고 이관중·장의숙 집사 부부는 새벽 기도가 끝나면 바로 병실로 찾아왔다. 아내와 교대하기 위해서였다. 그때 내가 잠들어 있으면 대기실에서 쪽잠을 자면서도 매일 찾아왔다.

어와나에서는 이종국 선교사의 지휘 아래 12명을 6조로 나누어 매일 2명씩 와서 내 병상을 지키는 아내를 쉬게 해 주었다. 주님의 사랑과 은혜가 아니면 어찌 이런 일이 가능할 수 있을까.

장석중 박사 부부는 문병을 위해 미국에서 한숨에 달려와 기도해 주었다.

몇 년이 지난 지금도 그들과 김치운 장로, 또 밝히지 않은 여러 분의 사랑에 감사하고 있다. 그 일도 주님으로 인해 받았기에 기쁨의 빚이 되었다.

 ## 북한 선교

나는 내가 한국으로 다시 돌아온 이유에 대해서도 깊이 생각해 보았다. 북한선교를 위함이었다. 그 꿈도 어느 정도는 이루었다. 가기 힘든 북한을 두 번이나 다녀왔다. 물론 원없이 선교를 하지는 못했지만 그 가능성에 대해서는 확신할 수 있는 기회였다.

첫 번째 평양을 방문했을 때는 인터네셔널 에이드(International-Aid)에서 휴대용(Portable)병리실험기를 개발해 모든 질병과 에이즈(AIDS)까지 조사할 수 있도록 도움을 주기 위해서였다. 연세대 세브란스에 있는 존린턴(인요한)박사에게 부탁해 함께 북한에 가서 기계사용법을 설명해 달라고 부탁을 했다. 각종 병리검사를 할 수 있는 기계를 선교 차원에서 기증하기 위한 북한 방문이었다. 평양 의과대학 부속병원에 도착해 그 기계를 내려놓고 사용법을 설명하려 하자 북한 측 담당자가 피곤한 기색으로 말했다.

"수고하지 말라요. 두고 가면 우리가 전달할라요."

"비싼 건데 사용법을 알려주지 못한다면 그냥 가져 가겠습니

김일성 본가 앞

다."

린턴 박사가 다시 사용법에 대해 설명을 하려고 했다.

"일 없습니다. 책보고 배우면 됩니다. 여기 선생들 영어 다 잘 합네다. 정 설명을 해 주고 싶다 면 비디오로 만들어 보내라요."

인요한 박사와 북한 남포의 안개 속에서

그들은 극구 미국인인 존 린턴 이 설명하는 것을 듣지 않으려 했다. 반미감정 때문이었을까… 하지만 나는 그렇게도 꿈에 그리 던 북한 땅을 밟고 있었다.

두 번째 북한을 방문을 했을 때는 문대현 목사님과 나진, 선봉 에 갔을 때였다. 문 목사님은 북한 관련 일을 많이 하고 있어서 북한에 들어가는 게 그리 어렵지 않았다.

나는 라디오를 가지고 갔다. 북한에서 얼마나 잘 들리는지를 알고 싶어서였다. 그러나 검문, 검색이 심해 어떻게 해야 가져갈 수 있는지를 안내원에게 물었다.

목사님과 함께 북한에 갔을 때 미국 텍사스에서 공부한 호주사람이 와 있었다. 토양을 연구하는 사람으로 북한 땅에 필요한 비료를 소개해 주었다. 그는 당 간부들에게 설명을 했고 나는 계획에도 없던 통역을 하게 되었다. 호주사람은 북한 땅에 가장 적합한 곡물이 '콩'이라고 말하며 콩을 심으면 수확량이 지금보다 두 배는 늘 것이라고 말해 주었다.

"안 됩네다. 당에서 강냉이를 심으라 했습네다. 목표량이 있어서 옥수수를 심어야 합네다."

"내가 주는 비료를 쓰고 옥수수를 심으면 지금 땅 반이면 소출량을 채울 수 있습니다. 나머지 땅 반에다가 콩을 심으면 됩니다."

"일 없습네다. 우리가 결정할 수 있는게 아닙네다."

"문제 없습니다. 자신 있어요. 만약 여기 땅 반에다 콩을 심고, 나머지 반에 옥수수를 심어서 소출량이 부족하면 내가 중국에서 부족한 양을 사다 주겠습니다."

그렇게 단단히 약속을 한 후에야 간신히 그 땅에 콩과 옥수수를 반반씩 나눠 심을 수 있었다. 콩은 두부와 두유를 만들 수 있으니 콩 생산이 원활해지면 북한 사람들에게 영양적으로 큰 도움을 줄 수 있을 터였다. 그 후 나는 다시 북한에 가지 못했기 때문에 실제로 콩과 옥수수가 제대로 자랐는지는 확인하지 못했다. 하지만 많은 사람들이 북한 사람들이 제대로 살 수 있도록 돕기 원한다는 사실은 확인할 수 있었다.

나진 선봉에서 북한 의사를 만났다. 우리는 걸으면서 이야기를 나눴다. 조심스럽게 극동방송을 말하니 그도 알고 있었다.

"여기서도 방송이 아주 잘 들립네다. 열심히 해주십세요."

나는 그의 손에 악수 하듯하며 라디오를 전해 주었다.

어느 날은 화가를 만났다. 추워 보여서 내가 입고 있던 오리털 잠바를 건네 주었다 그리고 나는 예수님 믿는 목사라고 말하면서 같이 예수님 믿자고 말했다.

"명심하겠습니다"라고 답하더니 그 이튿 날 자기 그림 2개를 가져와 내게 선물로 주었다.

몸이 아프면서 가장 아쉬웠던 것 중 하나가 바로 북한선교를 좀 더 열심히 하지 못했다는 점이었다. 중국에는 성경이나 라디오도 가져다 주고 피아노도 보내 줬는데 막상 북한에는 그러지 못했다는 것이 마음에 걸렸다. 다시 건강을 회복하면 좀 더 적극적으로 북한선교에 힘써야겠다는 다짐을 했다.

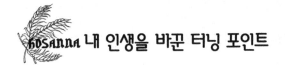# 내 인생을 바꾼 터닝 포인트

죽음의 고비를 넘기고 나니 인생에 대해서 깊이 있게 생각하게 되었다. 지나온 날을 돌이켜 보면 참 많은 일들이 있었다. 그 중에서도 내 인생에 큰 변화를 준 3가지가 떠올랐다.

첫 번째가, 공주를 떠나 수원을 거쳐 서울로 온 일이다.

전쟁 중이었지만 무서움을 극복하고 그 곳을 떠나 서울에 온 것이 나를 바꾼 계기가 되었다.

두 번째는, 좋은 사람들을 만난 것이다.

철도원, 영어선생님, 주판선생님, 윌리엄 대령... 그 중에서도 내게 복음이 무엇인지 알게 해 주신 분이며, 삶에 큰 변화를 주었던 분은 바로 김장환 목사님이셨다. 그리고 나의 삶에 기도와 물심양면으로 도움을 주신 양부모님이셨다. 내가 가장 빚을 많이 진 분이다.

세 번째는, 한국에 다시 온 것이다.

미국에서 공부하고 한국에 왔다가 다시 횃불트리니티신학대학원 대학교에 왔기에 노년인 지금 꿈을 이루며, 일을 계속할 수 있는 것이다.

이 세 번의 기회는 모두 하나님의 계획하심아래 진행되었음을 전 생애에 걸쳐 깨달았다. 하나님은 나의 출생지를 북에 두셔서 북한선교를 더욱 사모하게 하셨으며, 만남의 축복으로 나를 한 단계, 한 단계 이끌어 주셨다. 그리고 빚진 자라는 나의 기도를 들으시고, 노년의 시간을 활용해 받은 은혜들을 세상에 환원할 기회를 주셨다. 돌이키고 다시 새겨보아도 실로 감사하며, 신묘막측하신 은혜이다.

"내가 주께 감사하옴은 나를 지으심이 심히 기묘하심이라 주께서 하시는 일이 기이함을 내 영혼이 잘 아나이다."(시편 139편 14절)

KAICAM 회장

한국독립교회 및 선교단체 연합회(KAICAM)는 4,500여 개의 독립교회와 500여 개의 선교단체로 구성된 곳이다.

2011년 말경, 한참 단체가 해결해야 할 문제가 많았을 때 나에게 회장 추천이 들어왔다. 여러가지 어려운 일이 많았지만 회장직을 수락하고 4대 회장으로 취임했다.

먼저 목사안수 받은 사람들의 서류를 검토해 보니 30%가 자격미달이었다. 그래서 별도의 과정을 만들

KAICAM에서 설교

어 수료하면 그 자격을 인정하기로 했다.

목사고시제도도 만들었다. 그동안은 거의 매년 비슷한 문제로 출제되는 문제은행식이었다. 그걸 개선하여 10년 전 시험문제를 없애고 다시 신학자들에게 문제를 만들어 시험을 치르게 했다. 출제자에게 채점을 하도록 했다. 그래서 실력을 갖춘 목사가 양성되기 시작했다. 철저한 학사관리로 보완 수업을 통해 자격을 갖춘 목사를 만드는 데 힘썼다. 내재되어 있던 문제점들이 전반적으로 좋아지기 시작했다.

전문적인 심리검사도 하도록 해서 매번 실시되고 있다.

 ## 지나온 시간 함께 하신 하나님의 역사

지금도 나이에 비해 많은 일을 한다고들 하지만 젊은 시절의 나는 일에 몰입하면 끝장을 보곤 했었다. 하나님은 언제고 큰일을 감당하게 하기 위해 시련을 통해 단련시킨다는 사실을 지난 세월을 통해 증거하셨다.

지나온 삶을 돌이켜 보면 하나님을 믿고 따르는 신앙이 내게는 큰 은혜였다. 하나님은 우리를 부르셨을 뿐만 아니라 예정하셨다. 지금 노년이 되었어도 병원에서 퇴원 후 은퇴 전보다 더 바빠졌다.

"노년에 여유를 가지고 일로서 봉사하라."

요즘말로 재능기부를 하자는 말일 것이다. 난 그렇게 살려고 노력했다. 횃불트리니티신학대학원 대학교에서도 난 그 말을 실천하며 봉사로 즐겁게 일하고 있다.

로마서 1장 14절 말씀이다.

"헬라인이나 야만인이나 지혜 있는 자나 어리석은 자에게 다 내가 빚진 자라"

나는 복음에 빚진 자이다. 그리고 이웃에게 빚진 자이다. 그러므로 내 삶의 모토는 빚진 자로 늘 섬기면서 사는 것과 어제보다 나은 오늘을 감사하며 사는 것이다. 내 곁에 늘 하나님이 계셔서 가능한 삶이었다.

"그러나 내가 나 된 것은 하나님의 은혜로 된 것이니 내게 주신 그의 은혜가 헛되지 아니하여 내가 모든 사도보다 더 많이 수고하였으나 내가 한 것이 아니요 오직 나와 함께 하신 하나님의 은혜로다."(고린도전서 15장 10절)

이제는 이 땅에서
천국으로 이사 가기 전에…

"언제 짐 쌀까요? 운전기사님이 말씀만 하시면 바로 준비 하겠습니다."

워낙 이사를 많이 다녀서 아내가 간혹 내게 심심치 않게 하는 말이다.

같은 지역이나 인근 지방으로 가는 것 보다는, 하나님의 사역의 인도하심 따라, 여러 번 이 나라에서 저 나라로 이사를 했기에 아내가 농담반 진담반으로 하는 얘기다.

그럴 때면 아브라함이 생각난다.

"여호와께서 아브람에게 이르시되 너는 너의 고향과 친척과 아버지의 집을 떠나 내가 네게 보여 줄 땅으로 가라 내가 너로 큰 민족을 이루고 네게 복을 주어 네 이름을 창대하게 하리니 너는 복이 될지라 너를 축복하는 자에게는 내가 복을 내리고 너를 저주하는 자에게는 내가 저주하리니 땅의 모든 족속이 너로 말미암아 복을 얻을 것이라 하신지라."(창세기 12장 1-3절)

하나님께서 아브라함에게는 "보여줄 땅"으로 가라하셨지만, 그래도 나에겐 "보여준 땅"으로 가게 하시니 얼마나 다행인가... 생각하면 생각할수록 하나님의 은혜가 황송할 만큼 감사하다.

이제 나는 또 언젠가는 본향으로 이사를 가야 한다.

어디 나 뿐이랴. 우리 모두가 다 이사 갈 날만 다를 뿐이다.

내 인생의 시작과 끝은 온통 인내와 용기를 발휘하고, 사랑할 수 있는 기회로 가득했다. 가난함에도 배움을 포기하지 않았기에 수많은 고난과 역경을 인내할 수 있었고, 하나님을 증거할 용기를 구했기에 포기하지 않고 나아갈 수 있는 믿음을 배웠다.

앞에서도 잠깐 말했지만 로마서 1장 14절 에는 "헬라인이나 야만인이나 지혜 있는 자나 어리석은 자에게 다 내가 빚진 자라"라는 말씀이 있다.

사도바울의 "나는 빚진 자이고 나는 그 빚을 이 땅에서 갚겠다" 는 말씀 복음으로 은혜를 받은 사람들이 물질적인 것으로도 그 빚을 갚는 것이 당연하다는 뜻이기도 하다.

나도 복음에 빚진 사람이다.

그 빚을 갚기 위해 복음전파를 위한 선한 일을 하고자 했다.

우리가 선한 일을 해서 구원 받는 것은 아니다. 그러나 구원 받은 사람들은 선한 일을 해야한다고 성경은 말씀 하고 있다.

"우리는 그가 만드신 바라 그리스도 예수 안에서 선한 일을 위하여 지으심을 받은 자니 이 일은 하나님이 전에 예비하사 우리로 그 가운데서 행하게 하려 하심이니라."(에베소서 2장 10절)

"하나님이 능히 모든 은혜를 너희에게 넘치게 하시나니 이는 너희로 모든 일에 항상 모든 것이 넉넉하여 모든 착한 일을 넘치게 하게 하려 하심이라."
(고린도후서 9장 8절).

내가 북한선교 사역에 사명을 둔 것 또한 같은 이치인데 우리나라에 맨 처음 복음이 전해진 곳은 북한이었고 실제로 북한에서 신학 공부를 한 많은 목사들이 남한으로 피난 와서 남한에 계시던 목사님들과 협력하여 복음을 전해, 우리가 복음을 받아 들여 하나님의 은혜로 잘 살게 되었으니, 그 빚을 물질로라도 갚는 것은 당연하다고 생각한 것이다.

하지만 그 일이 현실적으로 쉽지 않음에 늘 빚진 자의 마음으로 무겁기만 하다. 그럼에도 빚진 것을 갚겠다고 하는 나의 의지와 열정은 하나님이 내게 주신 사명이 아닐까 싶다. 하나님이 힘을 주시면 능히 할 수 있는 일이라 믿기 때문이다.

얼마 전 준비되지 않은 상태로 죽음의 고비를 넘긴 후, 하늘나라로 이사 가기 전 꼭 해보고 싶은 일이 생겼다.

그것은 바로 유엔대학을 설립하는 것이다. 6.25전쟁이 발발했을 때 우리나라를 위해 16개국에서 군대를 보내 주어 함께 싸워준 사실을 떠올린 것이다. 그런데 전쟁이 끝난 후 60년이 지났지만 우리나라가 거국적으로 그 사람들에게 진 빚을 제대로 갚았다는 증거가 없는 현실이 너무 아쉽기만 하다.

만일 나에게 능력과 시간이 허락한다면 전쟁에 참전했던 16개국을 중심으로 16개 단과대학으로 구성된 전쟁기념대학이나 UN

대학을 만들고 싶다. 16개국에서 각 대학별 학장을 선임하고 교수진들도 그 나라 사람들로 하면 그 나라의 문화와 언어를 자연스럽게 배울 수 있게 되고 우리나라 사람들에게도 전쟁 때 우리나라를 도와준 나라에 대해 제대로 배울 수 있는 기회가 될 수 있을 것이다. 그 일은 예수 그리스도의 복음을 온 세상에 전파하는 기회도 되지 않겠는가.

물론 그 나라에도 우리나라의 문화와 언어를 가르칠 수 있는 학교를 세우고 싶다. 그렇게 되면 국가 간의 진정한 소통이 이루어지는 기회가 되지 않을까 하는 생각에 가슴이 설렌다.

그건 하나님이 내게 주신 마지막 인내와 용기와 믿음을 발휘할 기회가 아닐까 하는 생각 때문이다.

그래서 이제는 하나님이 이 땅에서 내게 맡기신 것들을 정리해 장학재단을 만들려고 한다. 그 동안 주님이 베풀어 주신 것들을 한 푼도 남김없이 주님의 복음전파사역에 쓰여지길 기도하고 있다.

또한 최근 하나님의 은혜라고 밖에 설명할 수 없는 2014년도의 자랑스러운 원로 목회자 대상에 내가 선정되었다는 소식과, 미국 LWFC에서 올림픽 채플린 2014 대상을 받게 되었다.

그 동안 하나님이 인도하신 대로 그냥 순종하며 따라왔을 뿐인데 하나님께서 이런 저런 일들로 귀하게 높여주시니 더욱 송구하고 감사한 마음 뿐이다. 더더욱 여생을 주님을 위한 헌신으로 채워야겠다는 생각과 부족한 나를 인도하며 사용하신 이 책의 내용을 통해 모쪼록 한 사람이라도 더 주님의 살아계심과 역사하심을 알게 되었으면 좋겠다.

내 삶의 마지막 순간에도 하나님이 내게 주신 기회를 여러 사람과 함께 충분히 만끽하고 싶다.

"주님, 모두가 다 주님의 은혜입니다. 실로 갚을 길 없는 하나님의 은혜입니다. 감사와 영광을 돌려 드립니다."

"그러므로 너희는 가서 모든 민족을 제자로 삼아 아버지와 아들과 성령의 이름으로 세례(침례)를 베풀고 내가 너희에게 분부한 모든 것을 가르쳐 지키게 하라 볼지어다 내가 세상 끝날까지 너희와 항상 함께 있으리라 하시니라."(마태복음28:19,20)

주님을 기뻐하는 종

송용필

이 글(무적)은 저자 송용필 목사님이 쓴 붓글씨로, 그분의 자료를 정리하다가 발견하고, 그분의 삶을 한 마디로 보여주는 것 같아 실었습니다. – 편집인

맞춤형 무릎 기도문 시리즈

30일 작정 기도서

기도가 답입니다! – 가정에 비상약이 있듯이 / 비상 기도서도 함께!

가정❶ 30일용
자녀를 위한 무릎기도문

가정❷ 30일용
가족을 위한 무릎기도문

가정❸ 30일용
남편을 위한 무릎기도문

가정❹ 30일용
아내를 위한 무릎기도문

가정❺ 30일용
태아를 위한 무릎기도문

가정❻ 30일용
아가를 위한 무릎기도문

교회❶ 30일용
태신자를 위한 무릎기도문

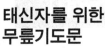
교회❷ 30일용
새신자 무릎기도문

교회❸ 30일용
교회학교 교사 무릎기도문

기도❷ 수시로
선포(명령) 기도문

가정❼ 30일용
재난 재해 안전 무릎기도문(부모편)
"주님, 우리 자녀들이 재난 재해를 당하지 않게 하옵소서!"

가정❽ 30일용
재난 재해 안전 무릎기도문(자녀편)
"주님, 제가 재난 재해를 당하지 않게 하옵소서!"

망망한 바다 한가운데서 배 한 척이 침몰하게 되었습니다.
모두들 구명보트에 옮겨 탔지만 한 사람이 보이지 않았습니다.
절박한 표정으로 안절부절 못하던 성난 무리 앞에 급히 달려 나온 그 선원이
꼭 쥐고 있던 손바닥을 펴 보이며 말했습니다.
"모두들 나침반을 잊고 나왔기에 … "
분명, 나침반이 없었다면 그들은 끝없이 바다 위를 표류할 수 밖에 없을 것입니다.

우리는 삶의 바다를 항해하는 모든 이들을 위하여
그 나침반의 역할을 하고 싶습니다.
우리를 구원하신 위대한 주 예수 그리스도를 널리 전하고 싶습니다.

"하나님은 모든 사람이 구원을 받으며
 진리를 아는 데에 이르기를 원하시느니라"
(디모데전서 2장 4절)

갚을 길 없는 은혜

지은이 | 송용필 목사
발행인 | 김용호
편 집 | 이성은
발행처 | 나침반출판사

제2판 발행 | 2017년 4월 25일

등 록 | 1980년 3월 18일 / 제 2-32호
주 소 | 157-861 서울 강서구 염창동 240-21
        블루나인 비즈니스센터 B동 1607호
전 화 | 본 사(02)2279-6321
        영업부(031)932-3205
팩 스 | 본 사(02)2275-6003
        영업부(031)932-3207

홈페이지 | www.nabook.net
이 메 일 | nabook@korea.com
          nabook@nabook.net

ISBN 978-89-318-1483-5
책번호 가-9042

값은 뒷표지에 있습니다.